Chinese Proficiency Grading Standards for International Chinese Language Education

国际中文教育中文水平等级标准

词汇速记速练手册

Quick Vocabulary Handbook

李孝娴　编著

三级
Level 3

北京语言大学出版社
BEIJING LANGUAGE AND CULTURE UNIVERSITY PRESS

图书在版编目（CIP）数据

国际中文教育中文水平等级标准．词汇速记速练手册：三级 / 李孝娴编著．-- 北京 ：北京语言大学出版社，2023.1（2025.3重印）

ISBN 978-7-5619-6169-8

Ⅰ．①国… Ⅱ．①李… Ⅲ．①汉语－词汇－对外汉语教学－课程标准 Ⅳ．① H195.3

中国版本图书馆 CIP 数据核字（2022）第 194228 号

国际中文教育中文水平等级标准・词汇速记速练手册（三级）

GUOJI ZHONGWEN JIAOYU ZHONGWEN SHUIPING DENGJI BIAOZHUN·
CIHUI SU JI SU LIAN SHOUCE (SAN JI)

排版制作：北京光大印艺文化发展有限公司
责任印制：邝　天

出版发行：北京语言大学出版社
社　　址：北京市海淀区学院路 15 号，100083
网　　址：www.blcup.com
电子信箱：service@blcup.com
电　　话：编 辑 部　8610-82303647/3592/3724
　　　　　国内发行　8610-82303650/3591/3648
　　　　　海外发行　8610-82303365/3080/3668
　　　　　北语书店　8610-82303653
　　　　　网购咨询　8610-82303908
印　　刷：北京鑫丰华彩印有限公司

版　　次：2023 年 1 月第 1 版　　印　　次：2025 年 3 月第 2 次印刷
开　　本：787 毫米 × 1092 毫米　1/16　　印　　张：16.5
字　　数：205 千字
定　　价：68.00 元

PRINTED IN CHINA

编写说明

《国际中文教育中文水平等级标准·词汇速记速练手册》（以下简称《词汇速记速练手册》）依据教育部和国家语委联合发布的《国际中文教育中文水平等级标准》（GF 0025—2021）（以下简称《标准》）的“词汇表”进行编写，是面向中文学习者的实用型词汇学习用书。

《词汇速记速练手册》依照《标准》“三等九级”的划分情况，共七个分册，分别收录初等一级 500 词、二级 772 词、三级 973 词，中等四级 1000 词、五级 1071 词、六级 1140 词，高等七—九级 5636 词。初等及中等分册内部以 20 个词语为一单元，高等分册内部以 60 个词语为一单元，力求将词汇学习化整为零，充分利用学习者的碎片化时间，提高词汇学习的效率，学习者可以每天完成一单元词语的学练。《词汇速记速练手册》按音序编排词语，分别从读音、词性、释义、用法四个维度对词语进行说明和展示。

《词汇速记速练手册》既可以作为学习者的 HSK 备考用书，也可以作为学习者自主学习中文词汇的学习用书。搭配中的短语、例句尽量从多角度展示词语的各种常见用法，以便学习者能够通过短语、例句的学习切实掌握词语用法。《词汇速记速练手册》初等一—三级词语的短语、例句用词以不超出该等级“词汇表”的范围为原则，自中等四级开始，每个词语的短语、例句的用词以不超出该单元之前“词汇表”的范围为原则，目的是让学习者通过对《词汇速记速练手册》的学习逐步扩大词汇量，便于学习者自主学习，降低词汇学习难度。为了兼顾短语、例句的丰富性与实用性，部分短语和例句中出现了“超纲词语”，对于这种情况，我们对“超纲词语”加注拼音与英文释义，以帮助学习者理解。

《词汇速记速练手册》初等及中等分册的内部体例分为“目标词语”“速记”“速练”三部分。

“目标词语”给出本单元需要记忆与掌握的词语，让学习者先有一个整体印象和词语学习目标。“速记”给出词语的拼音、词性、英文释义、搭配。其中，搭配中的目标词语以下画线形式进行标示，短语、例句的选择与编写力求做到典型常用，强调词语在实际语境中的运用，并严格控制“超纲词语”的数量与难度。“速练”对目标词语进行强化练习，分三个题型，各有侧重，互为补充：注音与释义连线题侧重对目标词语语音及语义理解的操练，选词填空题侧重对词语意义及用法的考查，完形填空题侧重对易混淆词语的区分。

《词汇速记速练手册》高等分册取消了“目标词语”板块，每单元 60 个词语分为三个部分，每单元、每部分均配有形式多样的练习。在高等词汇学习阶段，考虑到学习者对部分词语深入了解及词语辨析的需要，增设“重点词语”板块，对较难理解、用法复杂的词语进行进一步讲解与练习，这部分内容将以电子资源的形式呈现，扫描书后二维码即可获取相关资料，学有余力或对中文词汇有更深入了解需要的学习者可以自主学习。

词汇是国际中文教育的重点教学内容，这一点已成为业界共识，但词汇系统个性大于共性的特点也决定了词汇教学一直是国际中文教育中的薄弱环节。如何提高词汇学习效率，如何快速扩大学习者词汇量，这些问题编者一直在思考。《词汇速记速练手册》就是编者从教学实际出发，帮助中文学习者自主学习中文词汇的一种积极尝试。书中存在的不足，恳请广大使用者批评指正。

编者

2022 年 7 月

Introduction

Chinese Proficiency Grading Standards for International Chinese Language Education: Quick Vocabulary Handbook (hereinafter referred to as *Quick Vocabulary Handbook*), written in accordance with the "Vocabulary List" in *Chinese Proficiency Grading Standards for International Chinese Language Education* (GF 0025–2021) (hereinafter referred to as *The Standards*) co-released by China's Ministry of Education and State Language Commission, is a practical vocabulary book for Chinese language learners.

Based on the division of three stages and nine levels (elementary stage: Levels 1–3; intermediate stage: Levels 4–6; advanced stage: Levels 7–9) in *The Standards*, the *Quick Vocabulary Handbook* is divided into seven volumes, respectively including 500 words of Level 1, 772 words of Level 2, 973 words of Level 3, 1,000 words of Level 4, 1,071 words of Level 5, 1,140 words of Level 6, 5,636 words of Levels 7–9. Each unit in the elementary and intermediate volumes has 20 words, while each unit in the advanced volume has 60 words, aiming to break up vocabulary learning into bits and pieces, so that learners' fragments of time can be made use of and their learning efficiency can be improved. Learners can finish learning and practicing one unit a day. The words are arranged in alphabetic order and are explained and demonstrated from four aspects—Pinyin, word class, definition, and usage.

The *Quick Vocabulary Handbook* can be used not only as a HSK preparation book, but also as a Chinese vocabulary study guide for self-directed learners. The collocations are phrases and example sentences that illustrate common usages of the words from various perspectives to help learners master these usages. For the phrases and sentences of the elementary words of Levels 1–3, the principle is that they should not use words that exceed the scope of the "Vocabulary List" of the corresponding level; starting Level 4, each word used in the phrases and example sentences should not exceed the scope of the "Vocabulary List" before the current unit. The purpose is to help learners expand their vocabulary step by step by using the *Quick Vocabulary Handbook*, facilitate autonomous learning, and reduce the difficulty. With diversity and practicality taken into account, certain phrases and example sentences include words beyond the scope, which are provided with Pinyin and English definition to help learners understand them.

Each elementary or intermediate volume consists of three sections: "Target words", "Quick memory", and "Quick practice".

"Target words" lists the words to be memorized and mastered in the current unit to give learners a whole picture and clear target. "Quick memory" offers the Pinyin, word class(es), English definition(s), and collocations of each target word. The target words are underlined in the collocations, and the phrases and example sentences selected and written are typical and frequently used. How the words are used in real situations is emphasized and the number and difficulty of the words beyond the scope are strictly controlled. "Quick practice", an intensive practice of the target words, includes three types of exercises, which differ in emphasis and complement one another. The pronunciation/definition matching exercise emphasizes the understanding of the pronunciations and definitions of the target words, the multiple-choice exercise stresses word meanings and usages, and the cloze exercise focuses on the differentiation between confusable words.

The "Target words" section is removed from the advanced volume, in which each unit includes 60 words that are divided into three parts. Each part is provided with various forms of exercises. At the stage of advanced vocabulary learning, learners need to understand certain words deeper and to differentiate certain words. In light of that, a new section—"Focus words"—is added to provide further explanation of and exercise on words that are difficult to understand and complicated in usage. This section is presented in the form of digital resources that can be obtained via the QR code on the back cover of the book. Learners who have extra energy or want to have a deeper understanding of Chinese vocabulary can learn these resources independently.

It is generally agreed within the field that vocabulary is a focus of international Chinese education, but the fact that vocabulary systems have more differences than commonalities makes vocabulary teaching a weak link in international Chinese education. I've been constantly looking for ways to improve learners' vocabulary learning efficiency and to expand their vocabulary faster. The *Quick Vocabulary Handbook*, based on the reality of teaching, is one of my positive attempts to help Chinese language learners learn Chinese vocabulary independently. Any comments or suggestions you may have on this book would be highly appreciated.

The Author

July 2022

目　录

第 1 单元　Unit 1

◎ 目标词语　Target words

1. 爱心	2. 安排	3. 安装	4. 按	5. 按照
6. 把[1]（*prep.*）	7. 把[2]（*m.*）	8. 把握	9. 白	10. 白菜
11. 班级	12. 搬	13. 搬家	14. 板	15. 办理
16. 保	17. 保安	18. 保持	19. 保存	20. 保护

◎ 速记　Quick memory

1　**爱心**　àixīn　*n.*　love

有爱心；充满爱心
他很有爱心，常帮助别人。
这位老师对学生充满爱心。

2　**安排**　ānpái

（1）*v.*　arrange
安排工作；安排生活
学校安排我教一年级学生。
他已经安排好了今天的工作。
（2）*n.*　arrangement
工作安排；最新的安排
请看一下儿最新的工作安排。
今天晚上你有什么安排？

3　**安装**　ānzhuāng　*v.*　install

安装洗衣机；安装家具
洗衣机还没安装好。
这些家具我们可以自己安装。

4　**按**　àn

（1）*v.*　press
按开关（kāiguān，switch）；按下去
我按了一下儿电视机的开关。
我按了半天门铃（ménlíng，doorbell），也没人来开门。
（2）*prep.*　according to
按计划进行；按地图找
老师按每人两个给学生发本子。
我们按他给的地图找到了那个地方。

5　**按照**　ànzhào　*prep.*　according to

按照工作计划进行；按照规定办理

工作正在按照计划进行。
我按照老师教的方法写汉字。

6 **把** [1] bǎ *prep.* *the main function of a "把" sentence is to show the influence on somebody or something or to show how something is dealt with*

把书放桌子上吧。
老师把新同学介绍给大家。
她已经把今天的工作安排好了。

7 **把** [2] bǎ *m.* *used before objects with handles or things to take hold of*

一把伞（sǎn，umbrella）；一把椅子
哥哥把我的那把伞弄坏了。
那把椅子是新买的。

8 **把握** bǎwò

（1）*v.* grasp
把握机会；把握住
我们要把握住这个重要的机会。
司机把握着车的方向。
（2）*n.* assurance; certainty
有把握；没把握
我有把握通过这次的HSK考试。
他对明天的考试一点儿把握都没有。

9 **白** bái *adv.* in vain; free of charge

白忙了；白拿
我找的那个人不在这儿，白来了。
你不能在我家白吃白喝。

10 **白菜** báicài *n.* Chinese cabbage

吃白菜；买白菜
他不喜欢吃白菜。
白菜有很多种做法。

11 **班级** bānjí *n.* class

新班级；我们的班级
我们班的班级文化是团结、友好。
她非常喜欢参加班级的各种活动。

12 **搬** bān *v.* move

搬书；搬桌子
太重了，我一个人搬不动。
他把桌子搬到教室里边去了。

13 **搬家** bān//jiā move (house)

搬家公司；经常搬家
他早就搬家了，搬到学校旁边来了。

他今年已经搬过两次家了。

14 **板** bǎn *n.* board, plate

板子；木板（mùbǎn，plank, board）
这块板子上写着“北京欢迎你”。
他们要把木板搬到院子里。

15 **办理** bànlǐ *v.* handle

办理好；办理手续
请假手续已经办理好了。
他最近在办理出国的手续。

16 **保** bǎo *v.* keep, guarantee

保住；保温
这个杯子可以保热，也可以保冷。
他怕去休假会保不住自己的工作。

17 **保安** bǎo'ān *n.* security staff

一名保安；当保安
新来的那名保安工作非常认真。
他在银行当保安。

18 **保持** bǎochí *v.* keep

保持联系；保持安静
他跟大学同学一直保持着联系。
排队的时候请大家保持安静。

19 **保存** bǎocún *v.* preserve

保存好；保存实力
他把这些老照片保存得很好。
我们要保存实力准备明天的比赛。

20 **保护** bǎohù *v.* protect

保护好环境；保护动物
我们一定要保护好环境。
我们要保护动物。

◎ 速练　Quick practice

一、先根据词语写拼音，再将词语和正确的英文释义连起来
Write Pinyin according to the words, and then match the words with the correct English definitions.

1. 爱心 ______________	A. install
2. 安排 ______________	B. love
3. 安装 ______________	C. handle
4. 按照 ______________	D. keep
5. 把握 ______________	E. arrange; arrangement
6. 搬家 ______________	F. grasp; assurance; certainty
7. 办理 ______________	G. according to
8. 保持 ______________	H. move (house)

二、选择合适的词语填空　Choose the right words and fill in the blanks.

（一）　A. 爱心　B. 安排　C. 安装　D. 按　E. 把

1. 王经理给我____了新工作。
2. 请问，您打算把这台电视机____在哪儿？
3. 今天有雨，出门记得带____伞。
4. 老师____两个人一个房间给新生安排房间。
5. 这位校长非常有____，帮助了很多学生。

（二）　A. 按照　B. 把　C. 把握　D. 白　E. 白菜

1. 以前，中国北方人一到冬天就会买很多____。
2. 我们有____通过明天的考试。
3. 请同学们____我说的时间来教室参加口试（kǒushì，oral examination）。
4. 他已经____电视机安装好了。
5. 刚学完的生词我又忘了，真是____学了。

（三）　A. 班级　B. 搬　C. 搬家　D. 板　E. 办理

1. 你要搬的东西太多，还是打电话给____公司吧。
2. 王老师这学期组织（zǔzhī，organize）了很多有意思的____活动。
3. 她把桌子____到外边去了。

4. 下雨了，这块木____不能放在外边。

5. 他已经____好了出国手续。

（四）　A. 保　　B. 保安　　C. 保持　　D. 保存　　E. 保护

1. 我们要____好孩子的眼睛。

2. 他的老照片一直____在我家里。

3. 这个杯子____温时间很长，杯子里的水一直是热的。

4. 听说那名____后来考上了北京大学。

5. 虽然他在国外，但是我们一直____着联系。

三、选择合适的词语完成句子　Choose the right words to complete the sentences.

1. 他____老师的要求完成了今天的作业。

A. 按　　B. 把　　C. 板　　D. 保

2. 妹妹已经____今天的作业写完了。

A. 按　　B. 保　　C. 把　　D. 按照

3. 我去他的办公室找他，他没在，我____去了。

A. 把　　B. 白　　C. 板　　D. 保

4. 我们要____动物，它们是我们的朋友。

A. 保持　　B. 保存　　C 保护　　D 保安

5. 这些老房子都还____着一百年前的样子。

A. 保安　　B. 保存　　C. 保护　　D. 保持

第 2 单元　Unit 2

◎ 目标词语　Target words

21. 保留	22. 保险	23. 保证	24. 报	25. 报到
26. 报道	27. 报告	28. 背（bēi，*v.*）	29. 北部	30. 背（bèi，*n.*）
31. 背后	32. 被	33. 被子	34. 本来	35. 本领
36. 本事	37. 比较	8. 比例	39. 比赛	40. 必然

◎ 速记　Quick memory

21　**保留**　bǎoliú　*v.*　retain

保留着；保留一部分
这个老房子还保留着它原来的样子。
他把他的大部分书都送给了图书馆，自己只保留了一小部分。

22　**保险**　bǎoxiǎn

（1）*adj.*　safe, secure
很保险；不保险
钱还是存在银行里最保险。
你10点的飞机，9点才出发去机场，不太保险。
（2）*n.*　insurance
买保险；保险公司
买车的时候一定要买一份保险。
他在一家保险公司工作。

23　**保证**　bǎozhèng

（1）*v.*　guarantee
向他保证；保证完成
我们保证认真完成工作。
坐地铁上班可以保证时间。
（2）*n.*　guaranty
做保证；根本保证
多说多练是学好中文的保证。
您放心，我们的时间有保证。

24　**报**　bào　*n.*　newspaper

卖报；看报
他每天一边吃早饭一边看报。
我很喜欢看这本画报。

25　**报到**　bào//dào　register, report one's arrival

新生报到；报到的时间
9月1日是我们学校新生报到的日子。

参加会议的人都报到了。

26 **报道** bàodào

（1）*v.* report, cover
报道好人好事；报道这件事
电视里刚刚报道了这件事。
网上报道了她的故事。
（2）*n.* news report
写报道；一篇报道
这篇报道写得非常好。
他写了一篇跟留学生有关的报道。

27 **报告** bàogào

（1）*v.* report, inform
向……报告；报告事情的经过
你应该马上向经理报告事情的经过。
他在大会上报告了最新的发现。
（2）*n.* report, lecture
工作报告；写报告
上半年的工作报告他写完了。
王经理写了一篇调查报告。

28 **背** bēi *v.* carry on the back

背书包；背不动
他背上书包就出门了。
东西太重了，她背不动。

29 **北部** běibù *n.* north

中国的北部；北部山区（shānqū，mountainous area）
这个国家北部地区更发达。
这个国家北部的生活习惯和南部的不太一样。

30 **背** bèi *n.* back of the body

后背；背部
他打完篮球，后背疼了很长时间。
这孩子最喜欢骑在爸爸背上玩儿。

31 **背后** bèihòu *n.* behind, at the back

山背后；楼背后
山背后的树一般长得不太高。
这件事背后的原因很复杂。

32 **被** bèi *prep.* *used in a sentence to indicate the subject is the bearer of the action*

他被大家选为班长。
这套书被人借走了一本。

33 **被子** bèizi *n.* quilt

一床被子；新被子

这床被子很舒服。
妈妈给他准备了一床新被子。

34 **本来** běnlái

（1）*adj.* original
本来的颜色；本来的样子
这辆车本来的颜色是白的。
她本来的样子就很可爱，穿上这套衣服以后更可爱了。
（2）*adv.* originally; as a matter of course
他本来就很瘦，现在更瘦了。
这件事本来就该这么办。

35 **本领** běnlǐng *n.* ability

有本领；本领强
他的本领很强。
学好本领，服务大家。

36 **本事** běnshi *n.* skill

有本事；学本事
她非常努力地学习新本事。
大家都觉得他有本事，常找他帮忙。

37 **比较** bǐjiào

（1）*adv.* comparatively
比较贵；比较好
这件衣服比较好看。
这篇报道写得比较有意思。
（2）*v.* compare
比较一下儿；和别人比较
她每次在店里买东西的时候，都喜欢在网上比较一下儿价格。
这两件衣服比较起来，还是红色的好看。

38 **比例** bǐlì *n.* proportion

比例大；……和……的比例
在菜市场里，本地菜占的比例比较大。
教师和学生的比例是1∶10。

39 **比赛** bǐsài

（1）*v.* have a match
比赛篮球；比赛写汉字
他们要比赛打网球。
我和朋友比赛谁的考试成绩更好。
（2）*n.* match
网球比赛；一场比赛
今天晚上有一场足球比赛。
昨天晚上的篮球比赛非常好看。

40 **必然** bìrán *adj.* inevitable

认真努力的人必然有好成绩。
他不会让我们这么做，这是必然的。

◎ 速练 Quick practice

一、先根据词语写拼音，再将词语和正确的英文释义连起来
Write Pinyin according to the words, and then match the words with the correct English definitions.

1. 保留________________	A. behind, at the back
2. 保险________________	B. retain
3. 保证________________	C. report, cover; news report
4. 报道________________	D. ability
5. 背后________________	E. guarantee; guaranty
6. 本领________________	F. safe, secure; insurance
7. 比例________________	G. inevitable
8. 必然________________	H. proportion

二、选择合适的词语填空 Choose the right words and fill in the blanks.

（一） A. 保留 B. 保险 C. 保证 D. 报 E. 报到

1. 快开学了，你什么时候去学校_____？
2. 你去找他，他不一定在办公室，还是打电话比较_____。
3. 他出国很多年了，不过还_____着过去的生活习惯。
4. 请给我一份《武汉晚_____》。
5. 他向老师_____以后一定好好学习。

（二） A. 报道 B. 报告 C. 背 D. 北部 E. 背后

1. 你看了他写的那篇新闻_____没有？
2. 王校长的工作_____写得非常全面。
3. 这个城市在中国_____，很多人喜欢冬天去那儿看雪。
4. 他身上_____的包看起来很重。
5. 不要站在我_____，到我前边来。

（三）　A. 背　B. 被　C. 被子　D. 本来　E. 本领

1. 他学到了很多新____。
2. 你是学生，____就应该上课，快点儿去吧。
3. 他的自行车____小王骑走了。
4. 我姐姐在网上买到了很合适的____，又便宜又舒服。
5. 你的____上怎么这么脏？换一件衣服吧。

（四）　A. 本事　B. 比较　C. 比例　D. 比赛　E. 必然

1. 这个学校男生和女生的____是 1∶8，男生少，女生多。
2. 最近的天气____冷，你要加被子吗？
3. 你报名参加运动会的篮球____吗？
4. 她虽然没上过大学，但是也很有____。
5. 冬天过去，春天____会到来（dàolái，arrive）的。

三、选择合适的词语完成句子 Choose the right words to complete the sentences.

1. 碗里的包子都____妹妹吃完了。

A. 把　B. 被　C. 按　D. 比

2. 我的手表____我不小心弄坏了。

A. 把　B. 比　C. 按　D. 被

3. 我们____就应该照顾好家里的老人。

A. 原来　B. 以来　C. 本来　D. 带来

4. 今天是新学期学生到校____的日子。

A. 报道　B. 报告　C. 报到　D. 报纸

5. 我____一定按照要求完成作业。

A. 保证　B. 保留　C. 保险　D. 保安

第3单元　Unit 3

◎ 目标词语　Target words

41. 必要	42. 变化	43. 变为	44. 标题	45. 标准
46. 表达	47. 表格	48. 表面	49. 表明	50. 表现
51. 表演	52. 并	53. 并且	54. 播出	55. 播放
56. 不必	57. 不断	58. 不论	59. 补	60. 补充

◎ 速记　Quick memory

41　**必要**　bìyào

（1）*adj.*　necessary
十分必要；必要的时候
学习中文时，多听多说是非常必要的。
他总是在必要的时候出现，给我帮助。
（2）*n.*　necessity
有必要；学习的必要
我们没必要去那儿。
他已经认识到学习中文的必要了。

42　**变化**　biànhuà

（1）*v.*　change, vary
在变化；会变化
天上的白云一直在变化。
天气变化得太快了。
（2）*n.*　change, variety
变化多；变化大
这儿有很大的变化。
工作以后她的变化特别大。

43　**变为**　biànwéi　change into

小商店已经变为一家大超市了。
几年不见，她已经变为老板了。

44　**标题**　biāotí　*n.*　title

看标题；新闻的标题
新闻报道的标题不要太长。
有的年轻人看新闻只读标题。

45　**标准**　biāozhǔn

（1）*n.*　standard
高标准；最新的标准

这是最新的考试标准。
这个培训（péixùn，training）收费标准不高。
（2）*adj.* standard
十分标准；标准音
他的中文说得十分标准。
普通话以北京语音（yǔyīn，speech sounds）为标准音。

46 **表达** biǎodá *v.* express

表达观点；口语表达
他的心情很难用语言来表达。
多说多听可以提高口语表达水平。

47 **表格** biǎogé *n.* form, table

一张表格；打印表格
请把这张表格交给张老师。
他在表格里写了姓名、电话。

48 **表面** biǎomiàn *n.* surface

地球表面；表面上
地球表面70%都是水。
他表面上高兴，但心里十分难过。

49 **表明** biǎomíng *v.* make known

表明态度；表明观点
她已经表明了态度。
他用行动表明了自己的观点。

50 **表现** biǎoxiàn

（1）*v.* express
表现出来；懂得表现
爱要表现出来。
他的优点表现在很多方面。
（2）*n.* behavior, performance
在学校的表现；不好的表现
我儿子在学校的表现挺不错的。
他今天上课的表现不太好。

51 **表演** biǎoyǎn

（1）*v.* perform
表演节目；表演唱歌
他们用中文表演了一个节目。
她表演得很好。
（2）*n.* performance
看表演；精彩的表演
今天晚上的表演非常好看。
学生们的表演很精彩。

52 **并** bìng

（1）*adv.* *used before a negative, usually as a retort*
小王<u>并</u>不知道这件事。
我以为他听懂了，但他<u>并</u>没有听懂。
（2）*conj.* and
大家讨论<u>并</u>通过了他的请求。
我看到<u>并</u>向老师报告了他的问题。

53 **并且** bìngqiě *conj.* and

他同意了，<u>并且</u>早早就来了。
我们讨论<u>并且</u>通过了这个计划。

54 **播出** bōchū broadcast

<u>播出</u>节目；<u>播出</u>新闻
这个节目周末会在电视上<u>播出</u>。
刚刚<u>播出</u>的新闻介绍了我们学校。

55 **播放** bōfàng *v.* broadcast

<u>播放</u>音乐；<u>播放</u>电影
我在房间休息时，常<u>播放</u>好听的音乐。
电视里正在<u>播放</u>篮球比赛。

56 **不必** búbì *adv.* don't need

你<u>不必</u>去那么早。
出了问题，大家一起讨论怎么做，你<u>不必</u>着急（zháo//jí，worry）。

57 **不断** búduàn

（1）*v.* uninterrupted
教室里笑声<u>不断</u>。
这条街上行人<u>不断</u>。
（2）*adv.* constantly
只有<u>不断</u>努力才能成功。
这两年新词语<u>不断</u>出现。

58 **不论** búlùn *conj.* no matter (what, how, who, etc.)

<u>不论</u>天气怎样，他都会去体育场打篮球。
<u>不论</u>是中文还是英文，她都说得很流利。

59 **补** bǔ *v.* mend; make up for

<u>补</u>衣服；<u>补</u>票
妈妈已经把我的衣服<u>补</u>好了。
他上车的时候没买票，上车以后<u>补</u>了一张票。

60 **补充** bǔchōng

（1）*v.* supplement
<u>补充</u>练习；<u>补充</u>意见
下课后，老师给我们<u>补充</u>了很多练习。

对这件事，我还有两点意见要补充。
（2）*n.*　supplementary
有用的补充；做补充
这些练习都是有用的补充。
今天的重点我讲完了，再做一些补充。

◎ 速练　Quick practice

一、先根据词语写拼音，再将词语和正确的英文释义连起来
Write Pinyin according to the words, and then match the words with the correct English definitions.

1. 标题________	A. standard
2. 标准________	B. title
3. 表达________	C. surface
4. 表格________	D. express
5. 表面________	E. broadcast
6. 播放________	F. uninterrupted; constantly
7. 不断________	G. supplement; supplementary
8. 补充________	H. form, table

二、选择合适的词语填空　Choose the right words and fill in the blanks.

（一）　A. 必要　B. 变化　C. 变为　D. 标题　E. 标准

1. 最近天气的____太大了，很多人都生病了。
2. 这篇作文的____跟内容一点儿关系都没有。
3. 李老师的普通话说得非常____。
4. 想提高中文水平，有____认识一个中国朋友吗?
5. 以前这儿是公园，现在____大超市了。

（二）　A. 表达　B. 表格　C. 表面　D. 表明　E. 表现

1. 请帮我把那张____打印两份。
2. 他用这朵花____了对妈妈的爱。
3. 不能只看问题的____。
4. 他儿子最近在学校的____不太好。
5. 我早就____了我对这件事的态度，不要再说了。

（三） A. 表演 B. 不必 C. 并且 D. 播出 E. 补充

1. 大家都很喜欢每周五_____的《动物园》节目。
2. 你_____每件事都问我，你想怎么做都可以。
3. 昨天晚上的_____太好看了！
4. 他保证认真听讲，_____真的做到了。
5. 王校长_____的意见非常重要。

（四） A. 并 B. 不断 C. 不论 D. 补 E. 播放

1. _____你来不来，我都会按时（ànshí，on time）出发。
2. 会议讨论_____通过了我们小组的计划。
3. 新的东西_____出现，我们要学习的新词语也多起来了。
4. 电视机里_____的歌真好听！
5. 奶奶已经把我的破书包_____好了。

三、选择合适的词语完成句子 Choose the right words to complete the sentences.

1. _____晴天还是下雨，他都骑自行车上班。

   A. 并 B. 不断 C. 并且 D. 不论

2. 他答应了我六点来吃饭，_____早早就来了。

   A. 和 B. 并且 C. 变为 D 因为

3. _____有外国学生到中国学习中文，了解（liǎojiě，understand）中国文化。

   A. 不必 B. 不论 C. 不断 D. 不用

4. 他_____没有通知我这件事，我一点儿也不了解。

   A. 并 B. 并且 C. 而且 D. 而是

5. 他的心情又高兴又难过，很难用语言来_____。

   A. 表示 B. 表面 C. 表现 D. 表达

第 4 单元　Unit 4

◎ 目标词语　Target words

61. 不安	62. 不得不	63 . 不光	64 . 不仅	65. 布
66. 步	67. 部	68. 部门	69. 部长	70. 才能
71. 采取	72. 采用	73. 彩色	74. 曾经	75. 产生
76. 长城	77. 长处	78. 长期	79. 厂	80. 场合

◎ 速记　Quick memory

61　**不安**　bù'ān　*adj.*　upset

越来越不安；十分不安
他一直没回来，我心里越来越不安。
这个新闻让很多人感到不安。

62　**不得不**　bùdébù　have to

不得不去；不得不接受
太晚了，他不得不坐出租车回家。
下雨了，比赛不得不暂停（zàntíng，suspend）。

63　**不光**　bùguāng

（1）*adv.*　not only
报名参加比赛的人不光我一个。
表达爱的方法有很多，不光送花。
（2）*conj.*　not the only one
不光学生去，老师也去。
这儿不光有中文书，还有英文书。

64　**不仅**　bùjǐn

（1）*conj.*　not only
他们不仅学中文，还学法文。
不仅他参加表演，他妹妹也参加。
（2）*adv.*　not the only one
这种水果不仅南方有，北方也有。
这不仅是我自己的想法，也是大家的想法。

65　**布**　bù　*n.*　cloth

一块布；花布
我妈妈打算用这块花布做一件衣服。
有不少年轻人喜欢背布包。

66 **步** bù

（1）*n.* pace; step
大步；下一步
孩子会走了，正大步往前走。
我们下一步做什么？
（2）*m.* *a measure word for steps*
走一步；跑几步
爷爷一步一步走到马路对面去了。
他往前走了几步。

67 **部** bù

（1）*n.* ministry; department
交通运输部；中学部
教育部要求中小学教师提高教学水平。
我是去年从小学部来中学部工作的。
（2）*m.* *a measure word for books, films, vehicles, machines, etc.*
一部电影；一部汽车
我看了最近播出的那部电影。
这两部汽车颜色一样。

68 **部门** bùmén *n.* department

交通部门；教育部门
他在教育部门工作。
这个工作需要几个部门一起完成。

69 **部长** bùzhǎng *n.* minister

交通运输部部长；一名部长
教育部部长回答了家长们关心的问题。
他在那家公司做宣传部部长。

70 **才能** cáinéng *n.* talent, ability

有才能；多方面的才能
年轻的王老师非常有才能。
他从小就表现出画画儿的才能。

71 **采取** cǎiqǔ *v.* adopt, take (a policy, measure, method, means, attitude, etc.)

采取行动；采取措施（cuòshī，measure）
我们应该马上采取行动。
他在工作中采取了多种新措施。

72 **采用** cǎiyòng *v.* adopt, use

被采用；采用新办法
他说的办法被经理采用了。
王老师采用了新的教学法。

73 **彩色** cǎisè *n.* color, multicolor

彩色照片；彩色电视

这是爷爷奶奶拍的第一张彩色照片。
彩色电视出现以前只有黑白电视。

74 **曾经** céngjīng *adv.* once

他曾经去过中国。
上个月曾经热过几天。

75 **产生** chǎnshēng *v.* produce

产生作用；产生问题
小王有时候不认真，工作容易产生问题。
他产生了一个新想法。

76 **长城** Chángchéng *n.* the Great Wall

秋天的长城非常漂亮。
很多到过中国的外国朋友都爬过长城。

77 **长处** chángchù *n.* advantage

别人的长处；有长处
我们要多学习别人的长处。
要看到自己的长处，也要知道自己的短处。

78 **长期** chángqī *n.* long-term

长期以来；长期计划
他长期以来身体都不太好。
我们要做好长期计划，不能只看眼前。

79 **厂** chǎng *n.* factory

厂房；厂子
这个厂生产的产品很受欢迎。
我们厂不大，只有五六十个工人。

80 **场合** chǎnghé *n.* occasion

公共场合；不同的场合
医院是公共场合，请不要在这儿抽烟（chōuyān，smoke）。
不论在什么场合，他都表现得很好。

◎ 速练　Quick practice

一、先根据词语写拼音，再将词语和正确的英文释义连起来
Write Pinyin according to the words, and then match the words with the correct English definitions.

1. 不仅________________	A. minister
2. 部门________________	B. not only; not the only one
3. 部长________________	C. occasion
4. 才能________________	D. department
5. 采取________________	E. once
6. 曾经________________	F. talent, ability
7. 长期________________	G. adopt, take (a policy, measure, means, attitude, etc.)
8. 场合________________	H. long-term

二、选择合适的词语填空　Choose the right words and fill in the blanks.

（一）　A. 不安　B. 不得不　C. 不光　D. 布　E. 步

1. 他很晚还没回家，妈妈觉得很_____。
2. 这次来开会的人_____有老师，还有学生。
3. 车坏在半路了，他_____打车去公司。
4. 我看她往前又跑了两_____才停下来。
5. 这种_____鞋适合开车的人穿。

（二）　A. 不仅　B. 部　C. 部门　D. 部长　E. 才能

1. 这_____电影讲的是妈妈和女儿的故事。
2. 你在哪个_____工作？
3. 他很有_____，所以很年轻就当了经理。
4. _____他学习中文，他妹妹也学习中文。
5. 王_____，这是您要的表格。

（三）　A. 采取　B. 彩色　C. 曾经　D. 产生　E. 长处

1. 我们不能用自己的_____和别人的短处比。
2. 那时还没有_____照片。
3. 他们在一起工作了很长时间，后来_____了爱情。

4. 你打算____什么措施？

5. 他____当过这个部门的经理。

（四） A. 采用 B. 长期 C. 厂 D. 场合 E. 长城

1. 一说到北京，大家就会想到____。

2.《北京日报》____了他写的那篇报道。

3. 不同的____有不同的服装要求。

4. 他在那家布____工作了 30 年。

5. 你如果想有更大的提高，要做好____学习计划。

三、选择合适的词语完成句子 Choose the right words to complete the sentences.

1. 他没钱了，____给爸爸打电话。

A. 不得 B. 不得不 C. 不光 D. 不仅

2. ____我去过长城，他也曾经去过。

A. 不安 B. 不得不 C. 不仅 D. 不如

3. 我的那篇报道已经被____了。

A. 采取 B. 采用 C. 才能 D. 作用

4. 他曾经爬____长城，这不是他第一次去。

A. 过 B. 了 C. 着 D. 的

5. 这____电影讲了一个爱情故事。

A. 布 B. 步 C. 补 D. 部

第5单元 Unit 5

◎ 目标词语 Target words

81. 场所	82. 超级	83. 朝	84. 吵	85. 吵架
86. 衬衫	87. 衬衣	88. 称为	89. 成功	90. 成果
91. 成就	92. 成立	93. 成熟	94. 成员	95. 成长
96. 城	97. 城市	98. 程度	99. 持续	100. 充满

◎ 速记 Quick memory

81 **场所** chǎngsuǒ *n.* place (for an activity)

公共场所；活动场所
医院是公共场所，请保持安静。
这个公园是老人们的活动场所。

82 **超级** chāojí *adj.* super

“超级月亮”；超级计算机
新闻报道说，今天晚上会出现“超级月亮”。
超级计算机的功能十分强大。

83 **朝** cháo

（1）*prep.* towards
朝里看；朝东走
我看见他朝学校去了。
门朝南开。
（2）*v.* face
朝北；朝外
他的脸朝里还是朝外？
我的房间朝南，阳光很好。

84 **吵** chǎo

（1）*adj.* noisy
有点儿吵；太吵了
我的房间朝着马路，有点儿吵。
十几个孩子在一起玩儿，非常吵。
（2）*v.* make a noise; quarrel
吵醒（xǐng，wake up）了；吵起来
电视的声音太大了，把孩子吵醒了。
他们说着说着，吵了起来。

85 **吵架** chǎo//jià quarrel

跟/和……吵架；吵一架

她和朋友吵架了，很伤心。
他们大吵一架，分手（fēn//shǒu，break up）了。

86 **衬衫** chènshān *n.* shirt

一件衬衫；花衬衫
他买了一件新衬衫。
我已经把衬衫洗干净了。

87 **衬衣** chènyī *n.* shirt

一件衬衣；新衬衣
这件衬衣有点儿大。
我想试试那件白色的衬衣。

88 **称为** chēngwéi be known as

这座城市被称为“花城”。
中国人把黄河称为“母亲河”。

89 **成功** chénggōng

（1）*v.* succeed
成功了；没成功
她第一次做面包就成功了。
像他这样认真的人一定会成功。
（2）*adj.* successful
很成功；非常成功
今天的活动举行得很成功。
他是一个成功的商人。

90 **成果** chéngguǒ *n.* achievement, result

工作成果；多种成果
虽然很累，不过他看着工作成果觉得很开心。
经过努力，我们取得了让人满意的成果。

91 **成就** chéngjiù

（1）*n.* achievement, accomplishment
很大的成就；取得成就
他的工作取得了很大的成就。
她对自己取得的成就很满意。
（2）*v.* achieve, accomplish
成就事业；成就自己
我们努力成就伟大的事业。
他的成功是公司所有人共同成就的。

92 **成立** chénglì *v.* establish

刚刚成立；成立新公司
这家公司刚刚成立。
我们公司已经成立30年了。

93 **成熟** chéngshú *adj.* mature

很成熟；条件成熟
我的想法还不太成熟。
条件已经成熟，可以进行下一步的工作了。

94 **成员** chéngyuán *n.* member

家庭成员；小组成员
他向我们介绍了他的家庭成员。
在5名成员的共同努力下，我们小组得了第一名。

95 **成长** chéngzhǎng *v.* grow up

不断成长；成长为
他已经成长为一名小有成就的老师了。
王校长非常关心年轻人的成长。

96 **城** chéng *n.* city

城外；山城
重庆被大家称为“山城”。
他今天下午要进城买东西。

97 **城市** chéngshì *n.* city

大城市；一座城市
这儿已经变成一座大城市了。
最近几年这座城市发展得越来越好。

98 **程度** chéngdù *n.* degree

不同程度；程度高
他的病已经到了很重的程度，不得不住院。
天气热起来了，不过还没有到需要开空调的程度。

99 **持续** chíxù *v.* continue, last

持续一段时间；持续到9月
这种天气要持续到下个星期。
持续的大雨让大家都很不安。

100 **充满** chōngmǎn *v.* be filled with

充满笑声；充满爱心
教室里充满了孩子们的笑声。
李老师对学生充满爱心。

◎ 速练 Quick practice

一、先根据词语写拼音，再将词语和正确的英文释义连起来

Write Pinyin according to the words, and then match the words with the correct English definitions.

1. 场所________	A. succeed; successful
2. 超级________	B. place (for an activity)
3. 吵架________	C. mature
4. 衬衫________	D. continue, last
5. 成功________	E. be filled with
6. 成熟________	F. quarrel
7. 持续________	G. shirt
8. 充满________	H. super

二、选择合适的词语填空 Choose the right words and fill in the blanks.

（一） A. 场所 B. 超级 C. 朝 D. 吵 E. 衬衫

1. 请不要在公共____大声打电话。
2. ____前走 300 米就到银行了。
3. 这儿有很多人，特别____。
4. 你拍的“____月亮”真美啊！
5. 昨天买的那件白色的____放在哪儿了？

（二） A. 吵架 B. 衬衣 C. 称为 D. 成功 E. 成果

1. 我们把超级市场____超市。
2. 我把洗干净的____收起来了。
3. 他们昨天____了，所以今天谁也不跟谁说话。
4. 这本书是他最近的工作____。
5. 只有努力，才能取得____。

（三） A. 成就 B. 成立 C. 成熟 D. 成员 E. 城

1. 他提出的意见非常____，我们可以按他说的做。
2. 这家公司是 1998 年____的。
3. 他的家庭____跟他一起去国外生活了。

4. _____里有很多高楼、很多汽车。

5. 我们公司今年取得了很大的_____。

（四） A. 城市 B. 成长 C. 程度 D. 持续 E. 充满

1. 大雨已经_____下了一天一夜了。

2. 在孩子的_____过程中需要爸爸妈妈的爱。

3. 我在那个_____生活了七八年。

4. 他的病已经到了需要马上住院的_____。

5. 这位画家的画儿里_____了对妈妈的爱。

三、选择合适的词语完成句子 Choose the right words to complete the sentences.

1. 他听见门外有人吵架，马上_____门口走去。

A. 朝 B. 对 C. 到 D. 从

2. 我妹妹今天穿了_____。

A. 新衬衫一件 B. 新一件衬衫

C. 一件新衬衫 D. 一件衬衫很新

3. 他和女朋友_____，不过很快又和好了。

A. 大吵了一架 B. 大吵一架了

C. 吵一大架了 D. 吵了大一架

4. 当地人习惯_____。

A. 称为武汉大学"武大" B. 武汉大学称为"武大"

C. 称为"武大"把武汉大学 D. 把武汉大学称为"武大"

5. 昨天的活动举行得非常_____。

A. 完成 B. 成果 C. 成就 D. 成功

第6单元　Unit 6

◎ 目标词语　Target words

101. 重	102. 初（*adv./n.*）	103. 初（*pref.*）	104. 初步	105. 初级
106. 初中	107. 除了	108. 处理	109. 传	110. 传播
111. 传来	112. 传说	113. 创新	114. 创业	115. 创造
116. 创作	117. 从来	118. 从前	119. 从事	120. 村

◎ 速记　Quick memory

101 **重**　chóng　*adv.*　again

重写；重做
这个汉字写得不对，重写一遍吧。
这些照片拍得不好，再重拍几张。

102 **初**　chū

（1）*adv.*　first
初试；初学
她初学中文，我们应该多帮助她。
他初来这里，有些不习惯很正常。
（2）*n.*　beginning
年初；月初
他年初去了一次北京。
下个月初我要去上海。

103 **初**　chū　*pref.*　*used for the first ten days of a lunar month*

初一；初二
他儿子是三月初三出生的。
初一的月亮一点儿都不圆（yuán，round）。

104 **初步**　chūbù　*adj.*　preliminary

初步意见；初步解决
他提出了初步意见，请大家讨论。
问题得到了初步解决。

105 **初级**　chūjí　*adj.*　primary

初级水平；初级中学
我的中文只有初级水平。
人们习惯把初级中学称为初中。

106 **初中**　chūzhōng　*n.*　junior middle school

读初中；初中生

她是一名初中生。
他家离那个初中很近。

107 **除了** chúle *prep.* except, besides

除了他，大家都来了。
除了学中文，他还要学英文。
每到周末，他除了玩儿手机就是看电视。

108 **处理** chǔlǐ

（1）*v.* handle, deal with
处理问题；处理工作
他已经把问题处理完了。
王老师正在处理教学工作中的问题。
（2）*n.* treatment
他对那件事的处理很合适。

109 **传** chuán *v.* hand down; spread; pass

传下来；传出去；传球
他把这门技术传给了儿子。
这些好人好事已经传遍了全国。
想打篮球要先学会传球。

110 **传播** chuánbō *v.* disseminate, spread widely

传播知识；传播观点
他一直在向中学生传播科学知识。
不要在网上传播不正确的观点。

111 **传来** chuánlái come (from)

他从国外传来一个好消息。
门口传来了笑声，有人进来了。

112 **传说** chuánshuō

（1）*v.* legend has it that...
传说月亮上住着一个人。
传说那个湖里生活着一种特别的动物。
（2）*n.* legend
这是一个很有意思的传说。
中国民间有很多美好的传说故事。

113 **创新** chuàngxīn

（1）*v.* innovate
要敢于创新。
我们的工作要不断创新。
（2）*n.* innovation
他的教学方法有创新。
互联网给我们的生活方式带来了很大的创新。

114 **创业** chuàngyè *v.* begin an undertaking

我们请他讲一讲他的创业故事。
他18岁创业，好不容易才有了今天的成就。

115 **创造** chuàngzào

（1）*v.* create
他在比赛中创造了新的纪录。
人民是历史（lìshǐ，history）的创造者。
（2）*n.* creation
这是一个伟大的创造。

116 **创作** chuàngzuò

（1）*v.* create
他创作了一部新电影。
我创作完成了一本小说。
（2）*n.* creation
那是我最新的一部创作。
她的这部创作受到大家的欢迎。

117 **从来** cónglái *adv.* ever

从来不；从来没
他从来不喝酒。
我从来没听过这个传说。

118 **从前** cóngqián *n.* once upon a time

从前的生活；从前的日子
奶奶常常说起从前的生活。
从前的事不要再提了。

119 **从事** cóngshì *v.* be engaged in

从事教育工作；从事电影创作
我爸爸从事教育工作30年了。
他一直都在从事电影创作。

120 **村** cūn *n.* village

村里有一个传说。
这个小村离城市很远，很安静。

◎ 速练 Quick practice

一、先根据词语写拼音，再将词语和正确的英文释义连起来
Write Pinyin according to the words, and then match the words with the correct English definitions.

1. 初步________________	A. disseminate, spread widely
2. 处理________________	B. preliminary
3. 传播________________	C. be engaged in
4. 传说________________	D. innovate; innovation
5. 创新________________	E. handle, deal with; treatment
6. 创业________________	F. ever
7. 从来________________	G. legend has it that...; legend
8. 从事________________	H. begin an undertaking

二、选择合适的词语填空 Choose the right words and fill in the blanks.

（一） A. 重 B. 初 C. 初步 D. 初级 E. 除了

1. _____面条儿，他什么都喜欢吃。
2. 事情已经_____弄清楚了。
3. 我今天_____做了一遍考试题，还是错了不少。
4. 我们公司月_____发工资。
5. 他才学了三个月中文，只能上_____班。

（二） A. 初 B. 初中 C. 处理 D. 传 E. 传播

1. 他15岁了，在读_____三年级。
2. 大年_____一是中国的春节。
3. 妈妈已经把那条鱼_____干净了。
4. 声音可以在水中_____。
5. 我做这道菜的方法是妈妈_____给我的。

（三） A. 传来 B. 传说 C. 创新 D. 创业 E. 创造

1. 她因为采用了新的教学方法获得了教学_____奖（jiǎng，prize）。
2. _____月亮上住着一个很漂亮的女孩儿。
3. 玛丽的房间_____了哭声，她怎么了？

4. 他们不断_____新历史。

5. 很多年轻人都不想找工作，想自己_____。

（四） A. 创作 B. 从来 C. 从前 D. 从事 E. 村

1. _____这儿还只是一个小村子，现在已经变成城市了。

2. 这是他第一次从小_____走进大城市。

3. 他_____没请过假。

4. 请您谈谈为什么_____这部小说。

5. 我_____教育工作已经 20 多年了。

三、选择合适的词语完成句子 Choose the right words to complete the sentences.

1. _____学习，你也应该去运动运动。

A. 初步 B. 除了 C. 从来 D. 以外

2. 他从来没看_____中国电影。

A. 了 B. 得 C. 着 D. 过

3. 不能在网上_____不正确的观点。

A. 传播 B. 传来 C. 传说 D. 播放

4. 中国用 10 天时间建好了这家医院，_____了新历史。

A. 创业 B. 创造 C. 创作 D. 创新

5. 他一直都在_____创作工作，写写小说、画画画儿。

A. 从来 B. 从前 C. 从事 D. 从小

第7单元 Unit 7

◎ 目标词语 Target words

121. 存	122. 存在	123. 错误	124. 达到	125. 打破
126. 打听	127. 大概	128. 大使馆	129. 大约	130. 大夫
131. 代	132. 代表	133. 代表团	134. 带动	135. 带领
136. 单元	137. 当初	138. 当地	139. 当然	140. 当中

◎ 速记 Quick memory

121 **存** cún *v.* deposit

存钱；存包
很多人把钱存在银行里。
包先存在这儿，一会儿再来取。

122 **存在** cúnzài *v.* exist

存在问题
事情已经办完了，不存在问题。
我在这件事上存在不同的观点。

123 **错误** cuòwù

（1）*adj.* wrong
错误方法；错误行为
他的行为是错误的。
想不努力就有好成绩是一种错误的想法。
（2）*n.* mistake
很多错误；改正（gǎizhèng，correct）错误
这篇作文有很多错误。
你一定要改正错误。

124 **达到** dá//dào reach

达到要求；达到目的
我经过努力才达到他的要求。
他一定要达到自己的目的。

125 **打破** dǎ//pò break, smash

打破窗户（chuānghu，window）；打破纪录
他不小心打破了窗户。
她打破了以前的纪录，创造了新纪录。

126 **打听** dǎting *v.* ask about, inquire about

打听一下儿；向……打听

我想打听一下儿老同学的消息。
他向老师打听什么时候放假。

127 **大概** dàgài

（1）*adj.* general, approximate
大概的情况；大概的想法
请你把大概的情况给我们介绍一下儿。
这些只是大概的数字，不太准确。
（2）*adv.* approximately; probably
这个班大概有20个学生。
那道题大概很难，所以大家都没写。

128 **大使馆** dàshǐguǎn *n.* embassy

在大使馆；去大使馆
他爸爸在大使馆工作。
我去大使馆办出国手续。

129 **大约** dàyuē *adv.* approximately

他妈妈大约60岁。
学校里大约有1000个留学生。

130 **大夫** dàifu *n.* doctor

看大夫；当大夫
我爷爷是一名大夫。
大夫让他多喝水、多运动。

131 **代** dài

（1）*v.* take the place of, act on sb.'s behalf
代课；代买
他是新来的代课老师。
这篇作文不是他写的，是他哥哥代笔的。
（2）*n.* generation
新一代；下一代
我们要教育好下一代。
我们这一代创造了新的历史。

132 **代表** dàibiǎo

（1）*n.* representative
一名代表；当代表
我们选她当代表。
他是我们公司派的代表。
（2）*v.* represent
代表我们；代表国家
他代表我们班去开会。
每一个留学生都代表着自己的国家。

133 **代表团** dàibiǎotuán *n.* delegation

一个代表团；中国代表团
代表团明天出发去北京。
他是跟代表团一起来中国的。

134 **带动** dàidòng *v.* bring along, give impetus to

带动大家；带动发展
新的技术带动了公司的发展。
在他的带动下，参加运动的人越来越多。

135 **带领** dàilǐng *v.* take to a place, guide, lead

带领新同学；带领代表团
老同学带领新同学参观校园。
王校长带领代表团参观了北京大学。

136 **单元** dānyuán *n.* unit

单元练习；第1单元
他把这个单元的练习都做完了。
今天我们学习第7单元的生词。

137 **当初** dāngchū *n.* at the beginning, originally

想当初；当初的生活
当初这里环境很差，现在变化太大了！
早知今日，何必（hébì，there is no need）当初。

138 **当地** dāngdì *n.* local

当地人；当地的习惯
当地人都知道这家饭馆。
我们现在已经习惯了当地的生活。

139 **当然** dāngrán

（1）*adj.* of course
爸爸妈妈教育孩子是当然的事。
取得了这么好的成绩，我心里高兴是当然的。
（1）*adv.* certainly
你当然可以用我的词典。
你有困难，我们当然要帮你。

140 **当中** dāngzhōng *n.* in the middle; among

教室当中；朋友当中
他站在体育场当中。
在我们班同学当中，王明最努力。

◎ 速练　Quick practice

一、先根据词语写拼音，再将词语和正确的英文释义连起来
Write Pinyin according to the words, and then match the words with the correct English definitions.

1. 存在________________	A. represent; representative
2. 错误________________	B. exist
3. 打破________________	C. of course; certainly
4. 大概________________	D. take to a place, guide, lead
5. 代表________________	E. wrong; mistake
6. 带领________________	F. general, approximate; approximately; probably
7. 当初________________	G. break, smash
8. 当然________________	H. at the beginning, originally

二、选择合适的词语填空　Choose the right words and fill in the blanks.

（一）　A. 存　B. 存在　C. 错误　D. 达到　E. 打破

1. 他_____了 5000 米长跑的纪录。
2. 我还没想清楚这件事_____什么问题。
3. 我想把包_____在火车站。
4. 他的中文水平已经_____了专业要求。
5. 他觉得钱可以买到所有的东西，这是一种_____的想法。

（二）　A. 打听　B. 大概　C. 大使馆　D. 大夫　E. 代

1. 我想_____一下儿：去大使馆怎么走？
2. 我朋友在_____工作。
3. _____告诉我要好好休息，早睡早起。
4. 他每天_____6 点起床。
5. 我请假了，玛丽_____我交了作业。

（三）　A. 大约　B. 代表　C. 带动　D. 带领　E. 单元

1. 他是我们学校的_____。
2. 老同学_____新同学参观校园。
3. 明天我们学习第 8_____的课文。

4. 李老师今年_____40 岁。

5. 他_____了很多人每天跟他一起运动。

（四） A. 代表团 B. 当初 C. 当地 D. 当然 E. 当中

1. 热干面是武汉_____人很喜欢的早餐。

2. 这个_____一共有 10 个人。

3. 今天星期五，不是周末，你_____要去学校。

4. 代表团_____有一半是女生。

5. _____爸爸想让他学英语，他不愿意。

三、选择合适的词语完成句子 Choose the right words to complete the sentences.

1. 他的中文水平已经_____了很高的程度。

A. 达到 B. 打破 C. 打听 D. 打工

2. 那个人向我_____代表团什么时候出发。

A. 问 B. 听说 C. 打听 D. 打破

3. 这件事我只知道_____的情况。

A. 大量 B. 大约 C. 大使 D. 大概

4. 在马校长的_____下，全校师生共同观看了比赛。

A. 带领 B. 代表 C. 代笔 D. 带来

5. “到什么山上唱什么歌”的意思是按_____的习惯做事。

A. 当初 B. 当地 C. 当然 D. 当时

第8单元　Unit 8

◎ 目标词语　Target words

141. 刀	142. 导演	143. 到达	144. 到底	145. 得分
146. 等待	147. 底下	148. 地区	149. 电视剧	150. 电视台
151. 电台	152. 电子邮件	153. 调	154. 调查	155. 订
156. 定期	157. 东部	158. 动力	159. 动人	160. 读者

◎ 速记　Quick memory

141 **刀**　dāo　*n.*　knife

一把刀；菜刀
他拿着一把菜刀。
我去超市买了一把水果刀。

142 **导演**　dǎoyǎn

（1）*v.*　direct (a film, play, etc.)
导演电影；导演过
他导演过五部电影。
我喜欢看她导演的爱情电影。
（2）*n.*　director
一位导演；电影导演
她是一位有名的导演。
那位电影导演大概60多岁。

143 **到达**　dàodá　*v.*　arrive

到达北京；3点到达
火车下午3点到达北京。
他已经顺利到达那儿了。

144 **到底**　dàodǐ

（1）*adv.*　on earth
你到底去不去？
他到底想要什么？
（2）*v.*　to the end
坚持到底；打到底
你能坚持到底就已经成功了。
我网球打得不好，但是这次比赛我会打到底。

145 **得分**　défēn

（1）*v.*　score
得分了；没得分

快看，他又得分了！
这道题他回答错了，没得分。
（2）*n.* score
得分高；得分低
今天的比赛他得分最高。
她在游戏中的得分是多少？

146 **等待** děngdài *v.* wait (for)

等待机会；等待他
我在等待一个好机会。
小狗一直在门口等待他回家。

147 **底下** dǐxia *n.* under, below

桌子底下；树底下
桌子底下有一只猫。
他坐在大树底下休息。

148 **地区** dìqū *n.* area

多山地区；湖北地区
这个地区天气非常好。
我们这儿是文化旅游地区。

149 **电视剧** diànshìjù *n.* TV play or drama

一部电视剧；看电视剧
我姐姐喜欢看电视剧。
中国电视剧在这个地区非常流行。

150 **电视台** diànshìtái *n.* TV station

在电视台；去电视台
我姐姐在电视台工作。
他去电视台参加节目。

151 **电台** diàntái *n.* radio station, broadcasting station

广播电台
电台正在播放你点的歌呢。
很多出租车司机喜欢听这个电台的节目。

152 **电子邮件** diànzǐ yóujiàn email

一封电子邮件；收电子邮件
妹妹给我发了一封电子邮件。
我收到了他发给我的电子邮件。

153 **调** diào *v.* transfer

调工作；对调
他爸爸刚调了新工作。
你把这两个词对调一下儿。

154 **调查** diàochá

（1）*v.* survey
调查清楚；调查一件事
我们要把情况调查清楚。
警察正在现场进行调查。
（2）*n.* investigation
市场调查；做调查
他正在做市场调查。
我的调查进行得很顺利。

155 **订** dìng *v.* book (a seat, ticket, etc.); subscribe to (a newspaper, magazine, etc.)

订机票；订酒店
我已经订好了去北京的火车票。
现在订报纸的人少多了。

156 **定期** dìngqī

（1）*v.* fix a date
考试举行的时间还没有定期。
（2）*adj.* regular, periodical
定期刊物（kānwù，publication）；定期存款（cúnkuǎn，deposit）
这几本杂志都是定期刊物。
这些钱是定期存款，要明年才能取出来。

157 **东部** dōngbù *n.* east

东部地区；中国东部
她觉得东部地区比西部地区发达。
他打算去东部城市找工作。

158 **动力** dònglì *n.* power, motive power

有动力；生活的动力
人民是创造历史的动力。
成为老师是她努力学习的动力。

159 **动人** dòngrén *adj.* moving

很动人；动人的表演
他的表演非常动人。
她动人的歌声让人难忘（nánwàng，unforgettable）。

160 **读者** dúzhě *n.* reader

一名读者；小读者
"努力学习"，这是他送给小读者们的一句话。
他写的小说有很多读者。

◎ 速练 Quick practice

一、先根据词语写拼音，再将词语和正确的英文释义连起来
Write Pinyin according to the words, and then match the words with the correct English definitions.

1. 导演________________	A. fix a date; regular, periodical
2. 到达________________	B. direct (a film, play, etc.); director
3. 到底________________	C. area
4. 等待________________	D. on earth; to the end
5. 地区________________	E. wait (for)
6. 电台________________	F. survey; investigation
7. 调查________________	G. arrive
8. 定期________________	H. radio station, broadcasting station

二、选择合适的词语填空 Choose the right words and fill in the blanks.

（一） A. 刀 B. 导演 C. 到达 D. 到底 E. 得分

1. 这部电影的_____很有名。
2. 你知道他在那场网球比赛中的_____吗？
3. 今天的课你_____听懂了没有？
4. 这把菜_____很好用。
5. 经理的飞机将在 9 点_____。

（二） A. 等待 B. 底下 C. 地区 D. 电视剧 E. 电视台

1. 星期六晚上的_____非常好看。
2. 我坐出租车去_____参加节目。
3. 他一直在_____出国的机会。
4. 东部_____交通非常方便。
5. 我的本子放在那本书_____了。

（三） A. 电台 B. 电子邮件 C. 调 D. 调查 E. 订

1. 我已经把火车票_____好了。
2. 昨天晚上我给他发了一封_____。
3. 我们已经把那件事_____清楚了。

4. 每天晚上____都会播放他的歌。

5. 老师把我的座位____到了第 2 排。

（四） A. 定期 B. 东部 C. 动力 D. 动人 E. 读者

1. 他在电视剧里的表演非常____。

2. 更好地了解中国历史是我努力学习中文的____。

3. 他____去超市买东西。

4. 很多大学生毕业（bì//yè，graduate）以后会去____地区找工作。

5. 他的小说受到广大____的欢迎。

三、选择合适的词语完成句子 Choose the right words to complete the sentences.

1. 这件衬衫你____买不买？

A. 到达 B. 到底 C. 定期 D 得到

2. 他每天 8 点都____。

A. 在楼下等待女朋友 B. 等待女朋友在楼下

C. 等待在楼下女朋友 D. 女朋友在楼下等待

3. 我____到了朋友发给我的电子邮件。

A. 得 B. 取 C. 收 D. 回

4. 同学们打算____。

A. 调查在超市进行 B. 在超市进行调查

C. 进行调查在超市 D. 在超市调查进行

5. 读者们都觉得她小说里的爱情故事非常____。

A. 动力 B. 感动 C. 动心 D. 动人

第 9 单元　Unit 9

◎ 目标词语　Target words

161. 短处	162. 短裤	163. 短期	164. 断	165. 队员
166. 对待	167. 对方	168. 对手	169. 对象	170. 顿
171. 发表	172. 发出	173. 发达	174. 发动	175. 发明
176. 发生	177. 发送	178. 发言	179. 发展	180. 反对

◎ 速记　Quick memory

161 **短处**　duǎnchù　*n.*　shortcoming

长处和短处；有短处
他的短处是做事情不能坚持下去。
不要只看到别人的短处，也要看到别人的长处。

162 **短裤**　duǎnkù　*n.*　shorts

一条短裤；穿短裤
夏天穿短裤很凉快。
他穿着一条黑色的短裤。

163 **短期**　duǎnqī　*n.*　short-term

短期班；短期计划
短期班只学习一个月中文。
工作计划在短期内不会有变化。

164 **断**　duàn　*v.*　cut (sth. long) in two or more sections, break

断了；打断
桌子断了一条腿。
绳子（shéngzi，string）断了。

165 **队员**　duìyuán　*n.*　team member

一名队员；新队员
队员们跟着他一起参观长城。
今天我们队来了一名新队员。

166 **对待**　duìdài　*v.*　treat

认真对待；对待这件事
请你们认真对待明天的考试。
她对待朋友非常热情。

167 **对方**　duìfāng　*n.*　other side, other party

对方的习惯；了解对方

打球时你要先了解对方的水平。
经理，对方表示愿意跟我们合作。

168 **对手** duìshǒu *n.* opponent

我们的对手；小心对手
我们的对手球打得很好。
他不是你的对手。

169 **对象** duìxiàng *n.* target; prospective partner in marriage

调查对象；找对象
我这次调查的对象是中学生。
他有对象了。

170 **顿** dùn *m.* *a measure word for meals, beatings, reprimands, etc.*

三顿饭；打一顿
他今天只吃了一顿饭，这会儿非常饿。
她又来晚了，经理把她说了一顿。

171 **发表** fābiǎo *v.* publish; express (one's opinion) formally

发表文章；发表讲话
他最近发表了一篇文章。
教育部部长发表了一篇讲话。

172 **发出** fāchū *v.* produce (sound, etc.); send forth

发出笑声；发出文件
他看着手机发出了笑声。
我们已经收到了对方发出的文件。

173 **发达** fādá *adj.* developed

交通发达；商业发达
这个城市交通很发达，出行非常方便。
这个地区的商业非常发达。

174 **发动** fādòng *v.* launch; call into action

发动汽车；发动大家
天气太冷，汽车不容易发动起来。
老师发动大家参加篮球比赛。

175 **发明** fāmíng

（1）*v.* invent
发明电话；发明计算机
你知道是谁发明了电话吗？
人类发明了各类生产工具，推动了社会进步。
（2）*n.* invention
新发明；四大发明
这是他最近的新发明。
中国的四大发明影响很大。

176 **发生** fāshēng *v.* happen

发生变化；发生一件事
十年间，我们学校发生了很大的变化。
那儿发生了什么事？

177 **发送** fāsòng *v.* send

发送电子邮件；发送旅客
我给他发送了一封电子邮件。
这个火车站每天发送旅客3万多人。

178 **发言** fāyán

（1）*v.* speak
正在发言
正在发言的人是王校长。
我已经说过了，该他发言了。
（2）*n.* speech
他的发言；会上的发言
我在准备明天开会的发言。
马校长的发言受到学生们的欢迎。

179 **发展** fāzhǎn

（1）*v.* develop
发展得很快；发展经济
这个城市努力发展地铁。
他的公司发展得又快又好。
（2）*n.* development
新发展；城市的发展
他的工作有了新发展。
城市的发展需要大家的努力。

180 **反对** fǎnduì *v.* oppose

反对他；反对这件事
大家都反对周末加班（jiā//bān，work overtime）。
他发表了反对的意见。

◎ 速练　Quick practice

一、先根据词语写拼音，再将词语和正确的英文释义连起来
Write Pinyin according to the words, and then match the words with the correct English definitions.

1. 短裤________________	A. oppose
2. 对待________________	B. shorts
3. 对象________________	C. treat
4. 发表________________	D. target; prospective partner in marriage
5. 发明________________	E. send
6. 发送________________	F. invent; invention
7. 发展________________	G. publish; express (one's opinion) formally
8. 反对________________	H. develop; development

二、选择合适的词语填空　Choose the right words and fill in the blanks.

（一）　A. 短处　B 短裤　C. 短期　D. 断　E. 队员

1. 我来介绍一下儿，这是新来的_____王明。
2. 不要只看到别人的_____，也要学习别人的长处。
3. 穿_____来开会不太合适。
4. 他的笔写着写着就_____了。
5. 请谈谈你们部门的_____计划。

（二）　A. 对待　B. 对方　C. 对手　D. 对象　E. 顿

1. 他被人打了一_____。
2. 她快 30 岁了，还没有找_____。
3. 请大家认真_____每一次考试。
4. 明天的比赛他不是你的_____，你的水平比他高多了。
5. 我发电子邮件了，可是_____没收到。

（三）　A. 发表　B. 发出　C. 发达　D. 发动　E. 发明

1. 这个新_____可以帮助很多老人。
2. 王老师最近_____的文章你看了没有？
3. 这个地区的旅游经济很_____。

4. 他不小心____的声音吵醒了大家。

5. 我们可以____大家一起参加比赛。

（四） A. 发生 B. 发送 C. 发言 D. 发展 E. 反对

1. 爸爸妈妈觉得他太小了，____他去国外学习。

2. 谁能告诉我昨天晚上____了什么事？

3. 李老师的____让大家都很感动。

4. 这儿____得越来越好了。

5. 你收到我____的电子邮件了吗？

三、选择合适的词语完成句子 Choose the right words to complete the sentences.

1. 你放心吧，明天的网球比赛他不是你的____。

A. 对方 B. 对手 C. 对象 D. 对面

2. 他都40岁了，工作很忙，还没找到____。

A. 对方 B. 对手 C. 对象 D. 对待

3. 他没有写作业，被老师说了一____。

A. 顿 B. 下儿 C. 把 D. 次

4. 外边太吵了，____了什么事？

A. 发出 B. 发动 C. 发明 D. 发生

5. 看到电子邮件____成功，我放心了。

A. 发生 B. 发送 C. 发展 D. 发现

第10单元　Unit 10

◎ 目标词语　Target words

181. 反复	182. 反应	183. 反正	184. 范围	185. 方式
186. 防	187. 防止	188. 房东	189. 房屋	190. 房租
191. 访问	192. 放到	193. 飞行	194. 费	195. 费用
196. 分别	197. 分配	198. 分组	199. 丰富	200. 风险

◎ 速记　Quick memory

181 **反复**　fǎnfù

（1）*adv.*　repeatedly
反复讨论；反复提出
我反复对他说："不要来晚了。"
他反复看手机，可能是在等电话。
（2）*n.*　reversal, relapse
有反复；出现反复
每到冬天，他的病就会有反复，要多注意。
他说的那种情况最近出现了反复。

182 **反应**　fǎnyìng

（1）*v.*　respond
反应过来；没反应
他叫我的时候，我还没反应过来。
我在门外喊了半天，里面没有反应。
（2）*n.*　reaction
一种反应；出现不好的反应
听到这个消息，大家的反应不太一样。
他吃了药，身体出现了不良（bùliáng，adverse, untoward）反应。

183 **反正**　fǎn·zhèng　*adv.*　*used to indicate the same result despite different circumstances*

我不想去，反正去不去都一样。
不论你怎么说，反正我还是坚持我的想法。

184 **范围**　fànwéi　*n.*　scope

工作范围；活动范围
他们日常活动的范围不大，除了学校，没有别的地方。
下雨范围越来越大了。

185 **方式**　fāngshì　*n.*　way, mode

工作方式；生活方式
工作时要注意方式。

南方人和北方人的生活方式不太一样。

186 **防** fáng *v.* prevent, guard against

防水；防风
这件衣服防风，所以不冷。
对他这种人，我们要防着点儿。

187 **防止** fángzhǐ *v.* prevent

防止发生事故；防止生病
多穿点儿衣服，防止感冒。
我们主动采取措施，防止发生新问题。

188 **房东** fángdōng *n.* owner and lessor of a house or room

我的房东；一名房东
我的房东非常热情。
这间房子的房东是个年轻人。

189 **房屋** fángwū *n.* house

这种房屋；他家的房屋
这种房屋夏天不热，冬天不冷。
这些房屋已经有一百年的历史了。

190 **房租** fángzū *n.* rent (for a house, flat, etc.)

交房租；收房租
他每月1号交房租。
这儿的房租不贵，交通也很方便。

191 **访问** fǎngwèn *v.* visit

访问他；访问中国
我去北京访问了那位画家。
他爸爸年轻时访问过中国。

192 **放到** fàngdào put (on/in)

我把那本中文书放到桌子上了。
他没想起来把护照放到哪儿了。

193 **飞行** fēixíng *v.* flight

低空飞行；飞行器
你听说过飞行汽车吗？
飞机在8000米高空（gāokōng，high altitude）飞行。

194 **费** fèi

（1）*v.* spend, cost
费时间；费钱
我费了半天时间才办好各种手续。
他交了钱也没学会，钱都白费了。

（2）*n.* fee
水电费；收费
我家每个月水电费要三四百块钱。
这些饮料不收费。

195 **费用** fèiyong *n.* expense

生活费用；费用高
这几个月家里的生活费用很高。
爸爸已经给他准备好了上大学的费用。

196 **分别** fēnbié

（1）*v.* leave each other
分别一年；分别以后
分别以后，我很想他。
我们分别了好多年，今天又见面了。
（2）*adv.* respectively
分别处理；分别对待
我分别给他们打了电话。
我们在开会时会分别发言。

197 **分配** fēnpèi *v.* distribute

分配房间；分配东西
我们已经把房间分配好了。
我来把东西按班级分配一下儿。

198 **分组** fēn zǔ divide into groups

分组讨论；分组工作
大家分组讨论假期的计划。
我们先分组，再报名。

199 **丰富** fēngfù *adj.* abundant

知识丰富；很丰富
她看过很多书，知识非常丰富。
他们的校园生活十分丰富。

200 **风险** fēngxiǎn *n.* risk

有风险；风险大
做这件事没有任何风险，你放心吧。
这家公司有一些经营风险，最好调查一下儿。

◎ 速练 Quick practice

一、先根据词语写拼音，再将词语和正确的英文释义连起来

Write Pinyin according to the words, and then match the words with the correct English definitions.

1. 反复________________	A. rent (for a house, flat, etc.)
2. 范围________________	B. repeatedly; reversal, relapse
3. 防止________________	C. visit
4. 房租________________	D. scope
5. 访问________________	E. abundant
6. 费用________________	F. risk
7. 丰富________________	G. expense
8. 风险________________	H. prevent

二、选择合适的词语填空 Choose the right words and fill in the blanks.

（一） A. 反复 B. 反应 C. 反正 D. 范围 E. 方式

1. 吃了这种药会很想喝水，这是正常的_____。
2. 爸爸_____告诉我：不要忘记写作业。
3. 这次考试的_____是从第1课到第10课。
4. 不论你来不来，_____我一定来。
5. 他的生活_____跟我很不一样。

（二） A. 防 B. 防止 C. 房东 D. 访问 E. 放到

1. 我的_____是一个热情的年轻人。
2. 代表团_____了北京、天津等城市。
3. 我把书包_____桌子上了。
4. 这么做可以有效_____交通事故的发生。
5. 这件衣服_____水，下雨也可以穿。

（三） A. 房屋 B. 房租 C. 飞行 D. 费 E. 分别

1. _____有点儿贵，能便宜一点儿吗？
2. 需要对_____进行定期检查。
3. 和他_____以后，我很想他。

4. 飞机_____了一段时间了。

5. 来中国学习中文要准备好学_____和生活_____。

（四） A. 费用 B. 分组 C. 分配 D. 丰富 E. 风险

1. 参加活动的人太多了，大家打算_____去。

2. 他的知识非常_____。

3. 这个月的生活_____有点儿高。

4. 你把全部的钱都借给那个人，_____太大了，如果他不还钱怎么办？

5. 我来把东西_____给大家。

三、选择合适的词语完成句子 Choose the right words to complete the sentences.

1. 不论你写没写完，_____10 点必须把文章交给我。

A. 反复 B. 反应 C. 反正 D. 反对

2. 我_____跟他说不要忘记带雨伞，可是他还是忘了。

A. 反复 B. 反应 C. 反正 D. 反对

3. 这儿交通很方便，每个月的_____也不太贵，你租这儿挺好的。

A. 房东 B. 房租 C. 房屋 D. 房间

4. 你把房租_____门口的桌子上吧。

A. 放好 B. 放进 C. 放下 D. 放到

5. 我来给大家_____一下儿今天要完成的工作。

A. 分组 B. 分别 C. 分配 D. 分开

第 11 单元　Unit 11

◎ 目标词语　Target words

201. 否定	202. 否认	203. 服装	204. 福	205. 父母
206. 父亲	207. 付	208. 负责	209. 复印	210. 复杂
211. 富	212. 改进	213. 改造	214. 概念	215. 赶
216. 赶到	217. 赶紧	218. 赶快	219. 敢	220. 感冒

◎ 速记　Quick memory

201 **否定**　fǒudìng

（1）*v.*　negate
全部否定；被否定
他否定了我的意见。
我们不能否定他的成绩。
（2）*adj.*　negative
否定的回答；否定判断
她给了我们否定的回答。
他对这件事做出否定判断。

202 **否认**　fǒurèn　*v.*　deny

否认这件事；不否认
他一直否认做过这件事。
我不否认喜欢她。

203 **服装**　fúzhuāng　*n.*　clothing

服装商店；好看的服装
明天的会议要穿正式的服装。
去那儿可以买到最流行的服装。

204 **福**　fú　*n.*　blessing

福地；福星
对司机来说，平安就是福。
大家都说我奶奶有福，80 多岁了，身体还那么好，儿女对她也好。

205 **父母**　fùmǔ　*n.*　parents

我的父母；年轻的父母
他父母都是老师。
父母一起来中国看她。

206 **父亲**　fù·qīn　*n.*　father

我的父亲；一位父亲

他父亲今年70岁了。
我父亲从事教育工作30多年了。

207 **付** fù *v.* pay

付钱；付清
钱我已经付清了。
我每个月工资的一半都付房租了。

208 **负责** fùzé

（1）*v.* be responsible for
负责这件事；对下一代负责
他负责给学生分配房间。
这里的事都由我来负责。
（2）*adj.* conscientious
很负责；不负责
他对工作非常负责。
这个父亲很不负责。

209 **复印** fùyìn *v.* copy

复印表格；复印机
你把这份文件复印一下儿。
请帮我把这张表格复印三份。

210 **复杂** fùzá *adj.* complicated

很复杂；复杂的问题
这套服装的颜色非常复杂。
他有能力处理这个复杂的问题。

211 **富** fù *adj.* rich

很富；富起来
现在的农民都富起来了。
你就算现在富了，也不能忘了过去。

212 **改进** gǎijìn *v.* improve

改进工作；改进方法
我会改进学习中文的方法。
我们的工作还有要改进的地方。

213 **改造** gǎizào *v.* transform

改造房屋；改造自己
他想把房屋改造一下儿。
我们要把这里改造成最舒服的地方。

214 **概念** gàiniàn *n.* concept

新概念；不同的概念
“数字人民币”是一个新概念。
他没有听懂老师说的那个概念。

215 **赶** gǎn *v.* catch up; hurry (up); drive away

赶上；赶火车；赶时间
他跑得非常快，没人能赶上他。
他拿着大包小包去赶8点的火车了。
对不起，我赶时间，不能再等了。
把这些小鸡赶回家。

216 **赶到** gǎndào rush to (a place)

赶到医院；赶到车站
他赶到车站的时候，火车已经开走了。
我在飞机起飞前赶到了机场。

217 **赶紧** gǎnjǐn *adv.* hastily

赶紧走；赶紧去
快要下雨了，我们赶紧回家吧。
他病得不轻，要赶紧送他去医院。

218 **赶快** gǎnkuài *adv.* at once

赶快走；赶快去
时间不早了，我们赶快走吧。
我们赶快把这个消息告诉她吧。

219 **敢** gǎn *v.* dare

敢不敢；敢说
你敢不敢一个人去？
年轻人一定要敢想敢做。

220 **感冒** gǎnmào

（1）*n.* cold
重感冒；得了感冒
感冒的时候很难受。
天气变化太大，他得了感冒。
（2）*v.* catch cold
感冒了；防止感冒
他感冒了，医生让他多喝水。
多穿点儿衣服，防止感冒。

◎ 速练　Quick practice

一、先根据词语写拼音，再将词语和正确的英文释义连起来
Write Pinyin according to the words, and then match the words with the correct English definitions.

1. 否定______________　　A. parents
2. 服装______________　　B. negate; negative
3. 父母______________　　C. be responsible for; conscientious
4. 负责______________　　D. clothing
5. 复印______________　　E. concept
6. 改造______________　　F. copy
7. 概念______________　　G. hastily
8. 赶紧______________　　H. transform

二、选择合适的词语填空　Choose the right words and fill in the blanks.

（一）　A. 否定　B. 否认　C. 服装　D. 福　E. 父母

1. 中国人过春节的时候常常贴（tiē，paste）“____”字。
2. 在____的帮助下，他来到中国学习中文。
3. 那家____店的衣服又便宜又好看。
4. 关于（guānyú，about）那个问题，他给出了____的回答。
5. 他____自己偷（tōu，steal）了超市的东西。

（二）　A. 父亲　B. 付　C. 负责　D. 复印　E. 复杂

1. 这个问题有点儿____，你可能没办法处理。
2. 他____工作很忙。
3. 请问在哪儿____钱？
4. 明天调查用的表格我已经____好了。
5. 办公室____组织这次活动。

（三）　A. 富　B. 改进　C. 改造　D. 赶紧　E. 赶

1. 以前这儿的人生活条件不太好，现在都____起来了，日子越过越好。
2. 她打算花钱____一下儿自己的房间。
3. 他____10点的火车去北京。

4. 我会_____工作方法，更好地为大家服务。

5. _____送她去医院检查一下儿吧。

（四） A. 赶到 B. 概念 C. 赶快 D. 敢 E. 感冒

1. 最近天气不好，他_____了。

2. 我不_____一个人去国外。

3. 我_____火车站的时候，火车已经开走了。

4. 没时间了，我们_____出发吧。

5. 用手机付钱对一些老年人来说是新_____。

三、选择合适的词语完成句子 Choose the right words to complete the sentences.

1. 对这件事，他一直都保持_____意见。

A. 否定 B. 否认 C. 是否 D. 积极

2. 他_____带领代表团参观校园。

A. 负责 B. 重复 C. 重新 D. 反复

3. 我们要_____工作方法，让更多人满意。

A. 改造 B. 改进 C. 提高 D. 变化

4. 他虽然身体不好，但还是_____学校来给学生上课了。

A. 赶 B. 赶紧 C. 赶到 D. 赶快

5. 他女儿今年 4 岁，还不_____在人多的时候唱歌。

A. 会 B. 能 C. 要 D. 敢

第 12 单元　Unit 12

◎ 目标词语　Target words

221. 感情	222. 感受	223. 干吗	224. 高速	225. 高速公路
226. 告别	227. 歌迷	228. 歌声	229. 歌手	230. 个人
231. 个性	232. 各	233. 各地	234. 各位	235. 各种
236. 各自	237. 根本	238. 更加	239. 工厂	240. 工程师

◎ 速记　Quick memory

221 **感情**　gǎnqíng　*n.*　emotion, feeling; affection

有感情；感情好
她对这儿很有感情。
他和李明认识十多年了，感情非常好。

222 **感受**　gǎnshòu

（1）*n.*　feeling
生活感受；我的感受
你对现在的生活有哪些感受？
我和他的感受相同。
（2）*v.*　feel
感受温暖；感受到
我的朋友让我感受到了家的温暖。
他从来没感受过父母的爱。

223 **干吗**　gànmá　*pron.*　why

你问这件事干吗？
你干吗说这样的话？

224 **高速**　gāosù　*adj.*　high-speed

高速发展；高速向前
经济在高速发展。
火车高速向前开。

225 **高速公路**　gāosù gōnglù　expressway

在高速公路上；上高速公路
在高速公路上开车一定要小心。
中国的高速公路发展很快。

226 **告别**　gào//bié　leave, bid farewell to

告别朋友；向他告别
他告别了父母和朋友，去国外学习。

出发以前，我去他家向他告别。
就在这里告个别吧，我们以后多联系。

227 **歌迷** gēmí *n.* song fan

一个歌迷；他的歌迷
我是他的歌迷。
她是那个明星的歌迷。

228 **歌声** gēshēng *n.* singing (voice)

快乐的歌声；歌声四起
去春游的一路上，歌声不断。
听着她的歌声，让人觉得很快乐。

229 **歌手** gēshǒu *n.* singer

有名的歌手；女歌手
快要到那位有名的女歌手表演了。
这个歌手的歌声很动人。

230 **个人** gèrén *n.* individual (as contrast with the collective)

个人行为；个人想法
这是他的个人行为，跟我们公司没有关系。
我个人认为这个方法比较好。

231 **个性** gèxìng *n.* personality

有个性；个性很好
别看他年纪小，他非常有个性。
她个性很好，朋友们都喜欢她。

232 **各** gè

（1）*pron.* each, every
各国；各班
我们学校有来自各国的留学生。
请各班参加篮球比赛的同学做好准备。
（2）*adv.* each
我们班的同学各有特点。
周一和周二各有两节中文课。

233 **各地** gèdì *n.* various regions

全国各地；各地的人
这儿可以吃到全国各地的美食。
各地的生活习惯都不太一样。

234 **各位** gèwèi *pron.* everybody

各位同学；各位老师
各位同学，早上好！
各位同事，这是今天的工作安排。

235 **各种** gèzhǒng *pron.* various kinds

各种水果；各种颜色
各种水果我都想吃一口。
这里各种样子的服装都有。

236 **各自** gèzì *pron.* respective

各自努力；各自出发
我们要各自努力，也要互相帮助。
明天我们各自出发去火车站。

237 **根本** gēnběn

（1）*adv.* entirely, utterly
他根本不认识那个人。
我根本没听说过这件事。
（2）*adj.* basic, fundamental
最根本；根本问题
我们要早点儿解决最根本的问题。
他成绩不好的根本原因是他的学习态度不好。
（3）*n.* foundation
国家的根本；事业的根本
多说多练是学好中文的根本。
我们要从根本上找到解决问题的方法。

238 **更加** gèngjiā *adv.* more

更加努力；更加喜欢
他比以前更加努力了。
她更加喜欢那个男歌手了。

239 **工厂** gōngchǎng *n.* factory

一家工厂；去工厂
他在一家工厂工作。
我去工厂找朋友。

240 **工程师** gōngchéngshī *n.* engineer

一名工程师；当工程师
他是一名计算机工程师。
我妹妹长大以后想当工程师。

◎ 速练 Quick practice

一、先根据词语写拼音，再将词语和正确的英文释义连起来

Write Pinyin according to the words, and then match the words with the correct English definitions.

1. 感情________________	A. personality
2. 告别________________	B. emotion, feeling; affection
3. 歌迷________________	C. leave, bid farewell to
4. 个性________________	D. song fan
5. 各地________________	E. factory
6. 根本________________	F. more
7. 更加________________	G. entirely, utterly; basic, fundamental; foundation
8. 工厂________________	H. various regions

二、选择合适的词语填空 Choose the right words and fill in the blanks.

（一） A. 感情 B. 感受 C. 干吗 D. 高速 E. 告别

1. 他和爱人结婚很多年了，_____一直非常好。
2. 你_____周末还去学校？
3. 5G 网正在_____发展。
4. 你看了这部电影，有什么_____？
5. 他_____父母来到中国。

（二） A. 高速公路 B. 歌迷 C. 歌声 D. 歌手 E. 个人

1. 这是我_____的想法，跟我们公司没关系。
2. 中国的_____发展得非常快。
3. 这个_____去哪个城市，哪个城市就会下雨。
4. 我女儿的_____非常好听。
5. 这位歌手的_____在机场等着他下飞机。

（三） A. 个性 B. 各 C. 各地 D. 各位 E. 各种

1. 来自中国_____的学生代表下个月来这儿开会。
2. _____朋友，欢迎你们来到这里。
3. 她非常有_____，我很喜欢她。

4. _____班都有参加篮球比赛的学生。

5. _____水果她都喜欢吃。

（四） A. 各自 B. 根本 C. 更加 D. 工厂 E. 工程师

1. 我们既要_____努力，也要互相帮助。

2. 这家_____有 3000 多工人。

3. 他考上大学以后，学习_____努力了。

4. 他_____不想听我的想法。

5. 我弟弟是一名汽车_____。

三、选择合适的词语完成句子 Choose the right words to complete the sentences.

1. 朋友的帮助让他_____到家的温暖。

A. 感情 B. 感受 C. 觉得 D. 感到

2. 我们学校有来自_____国的留学生。

A. 各 B. 每 C. 各地 D. 各个

3. 明天大家_____出发去动物园。

A. 各位 B. 各地 C. 各自 D. 个人

4. 他以前_____没有来过中国，这是他第一次来中国。

A. 根本 B. 更加 C. 个人 D. 也许

5. 他的_____非常好听。

A. 歌迷 B. 唱歌 C. 歌手 D. 歌声

第13单元 Unit 13

◎ 目标词语 Target words

241. 工夫	242. 工具	243. 工业	244. 工资	245. 公布
246. 公共	247. 公开	248. 公民	249. 公务员	250. 功夫
251. 功课	252. 功能	253. 共同	254. 共有	255. 姑娘
256. 古	257. 古代	258. 故乡	259. 挂	260. 关系

◎ 速记 Quick memory

241 **工夫** gōngfu *n.* time

有工夫；一顿饭的工夫
我三天工夫就学会了打网球。
他父母太忙了，没工夫照顾他。

242 **工具** gōngjù *n.* tool

学习工具；交通工具
地铁是重要的交通工具。
手机是我们日常联系不可缺少的工具。

243 **工业** gōngyè *n.* industry

发展工业；工业的发展
那个国家的工业发展很快。
工业的发展会带动经济的增长。

244 **工资** gōngzī *n.* salary

发工资；工资高
她第一次发工资就给父母买了礼物。
他的工资不太高。

245 **公布** gōngbù *v.* promulgate

公布结果；公布成绩
比赛的结果还没公布呢。
老师没有公布学生的考试成绩。

246 **公共** gōnggòng *adj.* public

公共汽车；公共场所
我们坐公共汽车去动物园。
这儿是公共场所，不要大声讲话。

247 **公开** gōngkāi

（1）*adj.* public
公开的活动；公开的信息

这些信息都是公开的，谁都可以看到。
这是他写给大家的公开信。
（2）*v.* make known to the public
不能公开；公开出去
这件事现在还不能公开。
她不应该把我的信公开出去。

248 **公民** gōngmín *n.* citizen

公民的自由；一位公民
我们要保证公民的自由。
我们保护每一位公民的信息安全。

249 **公务员** gōngwùyuán *n.* civil servant

当公务员；考公务员
他的爸爸是公务员。
有的人大学毕业以后会去考公务员。

250 **功夫** gōngfu *n.* kung fu

中国功夫；功夫片
很多留学生都喜欢中国功夫。
你会功夫吗?

251 **功课** gōngkè *n.* lesson; homework

一门功课；做功课
他每门功课的成绩都很好。
我做完功课再看电视。

252 **功能** gōngnéng *n.* function

功能好；多功能
这种药的功能很好。
这部手机的功能很多。

253 **共同** gòngtóng *adj.* common

共同语言；共同点
我和他有很多共同语言。
她和她妹妹完全没有共同点。

254 **共有** gòngyǒu *v.* own collectively, share

这辆车是他们共有的。
这个小院子是几家人共有的。

255 **姑娘** gūniang *n.* girl; daughter

漂亮的姑娘；一个姑娘
那个穿蓝色上衣的小姑娘很漂亮。
几年没见，她已经长成大姑娘了。
这是我姑娘，6岁了。

256 **古** gǔ *adj.* ancient, age-old

古城；古画
他打算去那座古城看看。
这张古画已经有几百年的历史了。

257 **古代** gǔdài *n.* ancient times

在古代；古代的人
这是中国古代的一个故事。
我们主要学现代汉语，也学一点儿古代汉语。

258 **故乡** gùxiāng *n.* hometown

我的故乡；离开故乡
我爱我的故乡。
他离开故乡已经十多年了。

259 **挂** guà *v.* hang

挂画儿；挂在哪儿
把画儿挂在墙上。
他把书包挂在门后边了。

260 **关系** guān·xì

(1) *n.* relationship
有关系；关系好
他和我哥哥的关系非常好。
考试成绩和平时的努力有很大的关系。
(2) *v.* concern, affect
关系到每个人；关系到大家
这个新规定关系到每个人。
刚进校的考试成绩关系到分班。

◎ 速练 Quick practice

一、先根据词语写拼音，再将词语和正确的英文释义连起来
Write Pinyin according to the words, and then match the words with the correct English definitions.

1. 工业________________	A. salary
2. 工资________________	B. industry
3. 公民________________	C. lesson; homework
4. 功夫________________	D. hometown
5. 功课________________	E. citizen
6. 功能________________	F. girl; daughter
7. 姑娘________________	G. function
8. 故乡________________	H. kung fu

二、选择合适的词语填空 Choose the right words and fill in the blanks.

（一） A. 工夫 B. 工具 C. 工业 D. 工资 E. 公布

1.《现代汉语词典》是学习中文的____书。

2. 他月初发____。

3. 考试成绩已经____了。

4. 我今天太忙了，没____和你去看电影。

5. 我们要努力发展____。

（二） A. 公共 B. 公开 C. 公民 D. 公务员 E. 功夫

1. 成龙的____电影受到很多人的喜爱。

2. ____汽车上人不太多。

3. 他毕业以后想当____。

4. 我们要保护好每一位____。

5. 十几年前的那件事最近在报纸上____了。

（三） A. 功课 B. 功能 C. 共同 D. 共有 E. 姑娘

1. 那个小____穿着一双球鞋。

2. 今天的____我都做完了。

3. 这部手机有很多新____。

4. 他们虽然第一次见面，但是有很多____语言。

5. 这套房子是他们____的。

（四） A. 古 B. 古代 C. 故乡 D. 挂 E. 关系

1. 你去过云南的丽江____城吗？那儿有 700 多年的历史了。

2. 我离开____十多年了。

3. 他很想知道____的人是怎么生活的。

4. 回家后要把在外面穿的衣服____起来。

5. 他和这件事有很大的____。

三、选择合适的词语完成句子 Choose the right words to complete the sentences.

1. ____场所不要大声说话。

A. 公布 B. 共有 C. 公开 D. 公共

2. 他和女朋友没有_____语言，分手了。

A. 共同　　B. 共有　　C. 相同　　D. 公共

3. 她是李老师的_____。

A. 儿子　　B. 姑娘　　C. 女生　　D. 女孩儿

4. 请把那张画儿_____。

A. 在墙上挂　　B. 墙上挂着

C. 挂在墙上　　D. 墙上在挂

5. 我做完_____再看电视。

A. 上课　　B. 功课　　C. 课本　　D. 课文

第 14 单元 Unit 14

◎ 目标词语 Target words

261. 关注	262. 观察	263. 观看	264. 观念	265. 观众
266. 管	267. 管理	268. 光	269. 光明	270. 广播
271. 广大	272. 规定	273. 规范	274. 国内	275. 国庆
276. 果然	277. 果汁	278. 过程	279. 过去	280. 哈哈

◎ 速记 Quick memory

261 **关注** guānzhù *v.* pay close attention to

引起（yǐnqǐ，give rise to）关注；关注这件事
这篇新闻报道引起了大家的关注。
教育问题应该得到全社会的关注。

262 **观察** guānchá *v.* observe

观察问题；认真观察
请大家认真观察一下儿。
父母应该常带孩子去观察大自然。

263 **观看** guānkàn *v.* watch, view

观看表演；观看比赛
他们昨天观看了一场篮球比赛。
我们去观看新年晚会吧。

264 **观念** guānniàn *n.* concept

正确的观念；个人观念
养儿防老是一种老观念。
有些不正确的观念应该改变。

265 **观众** guānzhòng *n.* audience

电视观众；一名观众
观众看完表演都站起来叫好（jiào//hǎo，shout “Well done!”, applaud）。
观众朋友们，欢迎大家收看今天的节目。

266 **管** guǎn *v.* subject sb. to discipline

管学生；管孩子
她一个人管五十几个学生，太累了。
做父母的不能事事都管着孩子。

267 **管理** guǎnlǐ *v.* manage

管理公司；管理国家
他把公司管理得非常好。

她负责办公室管理工作。

268 **光** guāng

（1）*adv.* only
他每次都光说不做。
来的顾客光看不买，他心里有点儿着急。
（2）*n.* light
阳光；亮光
秋天的阳光很温暖。
屋子里特别黑，一点儿光也没有。
（3）*adj.* use up
吃光；用光
他把杯子里的水都喝光了。
她把妈妈给的钱都花光了。

269 **光明** guāngmíng

（1）*adj.* bright, promising; open-hearted
光明的未来（wèilái，future）；心地光明
虽然出现了很多问题，但是我们都相信未来一定是光明的。
他心地光明，大家都相信他不会做那样的事。
（2）*n.* light
带来光明；看到光明
太阳给我们带来光明。
她的爱心让我们看到了光明。

270 **广播** guǎngbō

（1）*v.* broadcast, be on the air
正在广播；开始广播
他的讲话正向全国广播。
大家好，现在开始广播。
（2）*n.* broadcast, radio (program)
听广播；广播台
他每天7点都听广播。
广播里正在播放的歌非常好听。

271 **广大** guǎngdà *adj.* vast; numerous

广大地区；广大顾客
中国的内蒙古（Nèiměnggǔ）有广大的草原（cǎoyuán，grassland）。
我们要在更广大的范围内做宣传。
他的作品受到了广大读者的欢迎。

272 **规定** guīdìng

（1）*v.* stipulate
规定时间；规定字数
考试的时间规定为一个半小时。
考试的作文规定写八百字。
（2）*n.* rule, regulation
新规定；学校的规定

大家要了解清楚新规定。
我们应该按公司的规定做。

273 **规范** guīfàn

（1）*adj.* standard
很规范；不规范
这个词你用得不太规范。
这篇作文有几个字写得不规范。
（2）*n.* norm, specification
行为规范；生产安全规范
我们要了解《中学生日常行为规范》。
这是我们工厂最新的生产安全规范。
（3）*v.* regulate, standardize
规范行为；规范动作
这些规定可以规范人们的行为。
参加比赛的时候我们要规范动作。

274 **国内** guó nèi domestic

在国内；国内市场
他喜欢在国内旅行。
这种产品在国内市场卖得很好。

275 **国庆** guóqìng *n.* National Day

国庆节；国庆日
这个国庆节我们可以休息七天。
10月1日是中国的国庆日。

276 **果然** guǒrán *adv.* as expected

他说要下雪，果然下雪了。
她说他会来，你看，他果然来了。

277 **果汁** guǒzhī *n.* juice

喝果汁；一杯果汁
我想喝一杯果汁。
这儿的果汁非常好喝。

278 **过程** guòchéng *n.* process

认识过程；比赛过程
比赛过程非常精彩。
到了一个新地方会有一个习惯的过程。

279 **过去** guòqù *n.* past

过去的工作；过去的生活
过去的生活让人很难忘记。
过去的事情就不要提了。

280 **哈哈** hāhā *ono.* ha-ha

哈哈大笑
哈哈，这回我赢了。
他一听就哈哈大笑起来。

◎ 速练 Quick practice

一、先根据词语写拼音，再将词语和正确的英文释义连起来
Write Pinyin according to the words, and then match the words with the correct English definitions.

1. 关注________　　A. observe
2. 观察________　　B. broadcast, be on the air; broadcast, radio (program)
3. 管理________　　C. pay close attention to
4. 光明________　　D. as expected
5. 广播________　　E. manage
6. 规定________　　F. process
7. 果然________　　G. stipulate; rule, regulation
8. 过程________　　H. bright, promising; open-hearted; light

二、选择合适的词语填空 Choose the right words and fill in the blanks.

（一） A. 关注 B. 观察 C. 观看 D. 观念 E. 观众

1. 我们要多_____老年人的身心健康问题。
2. 观看表演的_____已经到了。
3. 他们昨天_____的电影讲的是一位父亲的故事。
4. 有些老_____我们要改变。
5. 老师让他先_____再写作文。

（二） A. 规定 B. 管理 C. 光 D. 广播 E. 广大

1. 他爸爸_____着一家大公司。
2. _____里说，明天中心广场有一场表演。
3. 这部电影受到了_____观众的欢迎。
4. 一路上都没有灯，我们走了很久，才看到前边有一点儿_____。
5. 公司_____九点必须到办公室。

（三）　A. 光明　B. 管　C. 规范　D. 国内　E. 国庆

1. 只要努力，一定会有____的未来。
2. 他去过____很多城市。
3. 这些汉字写得不太____。
4. 妈妈总喜欢____孩子。
5. 10 月 1 日是中国的____日。

（四）　A. 果然　B. 果汁　C. 过程　D. 过去　E. 哈哈

1. 他说今天是晴天，今天____出太阳了。
2. 你喝____还是茶？
3. 这儿____是个小商店，现在变成大超市了。
4. 我不知道这件事是怎么发生的，你可以把____告诉我吗？
5. 听了他的话，我们都____大笑起来。

三、选择合适的词语完成句子　Choose the right words to complete the sentences.

1. 每一年的高考（gāokǎo，college entrance examination）都会引起家长和学生的____。
   A. 重要　B. 观看　C. 关注　D. 管理
2. 老师每天带着学生在校园里____小树的生长过程，并记录下来。
   A. 观看　B. 观察　C. 关心　D. 关注
3. 观看表演的____都站起来叫好。
   A. 观众　B. 听众　C. 读者　D. 作家
4. 这篇文章写得不错，不过有些地方不太____。
   A. 规定　B. 关心　C. 规则　D. 规范
5. 爸爸看手机上说今天有雨，____下雨了。
   A. 当然　B. 既然　C. 果然　D. 突然

第 15 单元　Unit 15

◎ 目标词语　Target words

281. 海关	282. 害怕	283. 行	284. 好好	285. 好奇
286. 合	287. 合法	288. 合格	289. 合理	290. 合作
291. 和平	292. 红茶	293. 红酒	294. 后果	295. 后面
296. 后年	297. 互联网	298. 互相	299. 划船	300. 华人

◎ 速记　Quick memory

281 **海关**　hǎiguān　*n.*　customs

过海关；中国海关
我们出国的时候要过海关。
大家拿好护照，准备过海关了。

282 **害怕**　hài//pà　be afraid

很害怕；害怕考试
他一点儿都不害怕考试。
她害怕走夜路。

283 **行**　háng　*m.*　line

一行字；两行树
本子上写着一行字。
他流下了两行眼泪（yǎnlèi，tears）。

284 **好好**　hǎohǎo

（1）*adj.*　in perfectly good condition
长得好好的；好好的一本书
那棵（kē，*a measure word for plants*）小树在冬天也长得好好的。
好好的一个手机被他弄坏了。
（2）*adv.*　to one's heart's content
好好学习；好好生活
我真得好好谢谢他。
终于放假了，我们好好地玩儿了几天。

285 **好奇**　hàoqí　*adj.*　curious

很好奇；好奇心
孩子们对老师拿的东西很好奇。
他对这个房间里的东西充满好奇。

286 **合**　hé　*v.*　close

合上

请把书合上。
他笑得合不上嘴。

287 **合法** héfǎ *adj.* legal

不合法；合法行为
这么做不合法。
不合法的事情不能做。

288 **合格** hégé *adj.* qualified

检查合格；不合格
这次的考试60分算合格。
这些食品经过检查，都合格。
老师说麦克写的那篇作文不合格。

289 **合理** hélǐ *adj.* reasonable

合理使用；很合理
我们要合理使用手机，不能影响正常的学习和生活。
他提的要求非常不合理。

290 **合作** hézuò *v.* cooperate

一起合作；合作完成
他们合作完成了调查报告。
我们要团结合作。

291 **和平** hépíng *n.* peace

世界和平；和平的环境
发展需要和平的环境。
中国是一个热爱和平的国家。

292 **红茶** hóngchá *n.* black tea

喝红茶；一杯红茶
他喜欢喝红茶。
请给我一杯红茶。

293 **红酒** hóngjiǔ *n.* red wine

喝红酒；一瓶红酒
每天喝一点儿红酒对身体健康有好处。
他买了一瓶红酒。

294 **后果** hòuguǒ *n.* consequence

很坏的后果；后果严重（yánzhòng，serious）
酒后开车后果很严重。
你要对这件事产生的后果负责！

295 **后面** hòumiàn *n.* at the back, behind

房子后面；后面的座位
房子后面有一个花园。

前面坐满了，后面还有座位。

296 **后年** hòunián *n.* year after next

我后年大学毕业。
他打算后年来中国学习。

297 **互联网** hùliánwǎng *n.* internet

发展互联网；互联网公司
近几年，互联网公司的发展非常好。
互联网给我们的生活带来了方便。

298 **互相** hùxiāng *adv.* each other

互相帮助；互相学习
我们生活上互相关心，学习上互相帮助。
他教我中文，我教他英文，我们互相学习。

299 **划船** huáchuán *v.* row (a boat)

去划船；会划船
他喜欢周末时到公园划船。
她划了半个小时船，有点儿累了。

300 **华人** huárén *n.* foreign citizen of Chinese descent

华人家庭
这个城市里华人很多。
他是在美国生活了很多年的华人。

◎ 速练 Quick practice

一、先根据词语写拼音，再将词语和正确的英文释义连起来

Write Pinyin according to the words, and then match the words with the correct English definitions.

1. 海关________________	A. curious
2. 害怕________________	B. customs
3. 好奇________________	C. peace
4. 合格________________	D. red wine
5. 和平________________	E. be afraid
6. 红酒________________	F. qualified
7. 互相________________	G. row (a boat)
8. 划船________________	H. each other

二、选择合适的词语填空 Choose the right words and fill in the blanks.

（一） A. 海关 B. 害怕 C. 行 D. 好好 E. 好奇

1. 我们____想一想这件事应该怎么做。

2. 他第一次来中国的时候对什么都很____。

3. 我____晚上一个人出门。

4. 我们拿着护照过____。

5. 书上写着一____小字。

（二） A. 合 B. 合法 C. 合格 D. 合理 E. 合作

1. 从任何角度来说，这都是一个____的产品，没有问题。

2. 请____上书，现在听写。

3. 我们____了很久，互相非常了解。

4. 这么做不____，必须马上停止。

5. 让 8 岁的孩子写作业到半夜，太不____了。

（三） A. 和平 B. 红茶 C. 红酒 D. 后果 E. 后面

1. 我秋天喜欢喝____，春天喜欢喝绿茶。

2. ____的同学能看清黑板吗?

3. 他还不知道事情的____有多严重。

4. 睡觉前不要喝茶，可以喝一小杯____，对身体有好处。

5. 世界____对每个国家都有好处。

（四） A. 后年 B. 互联网 C. 互相 D. 划船 E. 华人

1. 我们可以在____上买东西、听音乐、看电影、学习。

2. 他____大学毕业。

3. 我们经常____帮助，合作得很不错。

4. 他周末常常去东湖____。

5. 这家饭店在当地____中非常有名。

三、选择合适的词语完成句子 Choose the right words to complete the sentences.

1.你上课时应该 ____听老师讲课。

A. 好好 B. 慢慢 C. 大大 D. 小小

2. 孩子对没见过的东西总是很_____，所以总爱问问题。

A. 害怕　　B. 好奇　　C. 合理　　D. 爱好

3. 酒后开车的_____非常严重。

A. 后果　　B. 成果　　C. 结果　　D. 果然

4. 前边已经坐满了，可以坐_____。

A. 椅子的后面　　B. 椅子后面

C. 后面的椅子　　D. 后面椅子

5. 做到这几点只是_____的老师，要当一个好老师，你的路还远呢。

A. 合法　　B. 合格　　C. 合理　　D. 合作

第 16 单元　Unit 16

◎ 目标词语　Target words

301. 化	302. 话剧	303. 话题	304. 欢乐	305. 环
306. 环保	307. 环境	308. 会议	309. 会员	310. 活
311. 火	312. 机器	313. 积极	314. 基本	315. 基本上
316. 基础	317. 及时	318. ……极了	319. 集体	320. 集中

◎ 速记　Quick memory

301 **化**　huà　*suf.*　*used as a suffix to a noun or an adjective to indicate sth. or sb. is becoming or made to have that quality*

现代化；绿化（lǜhuà，make green by planting trees, flowers, etc.）
教室里的设备越来越现代化了。
我们要做好城市绿化工作。

302 **话剧**　huàjù　*n.*　drama

话剧表演；看话剧
昨天的话剧表演很好看。
他是一名话剧导演。

303 **话题**　huàtí　*n.*　topic

换话题；有意思的话题
我们换个话题接着说。
大家都很关心这个话题。

304 **欢乐**　huānlè　*adj.*　happy, joyous

欢乐的歌声；欢乐的人
孩子们欢乐的歌声真好听。
生活中有欢乐，也有痛苦。

305 **环**　huán　*n.*　ring

耳（ěr，ear）环；花环
她去商场买了新耳环。
那个女孩儿把花环送给了我。

306 **环保**　huánbǎo

（1）*n.*　environmental protection
重视环保；环保工作
这个城市非常重视环保。
我们要关注环保工作。

（2）*adj.*　eco-friendly
很环保；环保餐盒（hé，box）
骑自行车上下班很环保。
这家饭馆一直都用环保餐盒。

307 **环境**　huánjìng　*n.*　environment

环境保护；工作环境
这儿的环境真不错。
他的工作环境比以前好多了。

308 **会议**　huìyì　*n.*　conference

国际会议；会议室
工作会议正在进行。
明天的会议在二楼会议室进行。

309 **会员**　huìyuán　*n.*　member

一名会员；成为会员
她已经成为这家超市的会员了。
他不是会员，不能参加这次会议。

310 **活**　huó

（1）*adj.*　vivid, lively
写得很活；表演很活
他文章写得很活。
那个女孩儿的表演很活。
（2）*v.*　live
活着；活人
这花活过来了。
活到老，学到老。

311 **火**　huǒ　*n.*　fire

火光；火红
屋子里生起了火，暖和多了。
看，那儿着（zháo，burn）火了，快打119！

312 **机器**　jī·qì　*n.*　machine

买机器；用机器
工厂买回来一台新机器。
这部机器用起来很不方便。

313 **积极**　jījí　*adj.*　active

积极参加；很积极
请大家积极报名参加比赛。
他上课的时候总是积极回答问题。

314 **基本**　jīběn　*adj.*　basic

基本条件；基本要求

这份工作要求的基本条件她都满足。
他已经达到入会的基本要求了。

315 **基本上** jīběn·shàng *adv.* basically, by and large

上午的课他基本上都听懂了。
今年的工作到10月份已经基本上完成了。

316 **基础** jīchǔ *n.* foundation, basis

基础知识；原有（yuányǒu，original）的基础
我们要学好基础知识。
他的水平在原有的基础上提高了不少。

317 **及时** jíshí

（1）*adj.* in time
很及时；及时雨
他来得很及时。
这雨下得真及时。
（2）*adv.* immediately
有问题要及时处理。
今天的功课要及时完成。

318 **……极了** …jí le extremely

好极了；漂亮极了
这儿的环境好极了。
那件衣服漂亮极了。

319 **集体** jítǐ *n.* collective

集体生活；集体行动
公司要求大家集体行动。
我们班是一个温暖的集体。

320 **集中** jízhōng

（1）*v.* concentrate
集中注意力；集中在一起
我累了，没办法集中注意力。
大家把钱都集中在一起买东西吃。
（2）*adj.* concentrated
很集中；不集中
大家关心的话题很集中。
他上课的时候注意力一点儿也不集中。

◎ 速练 Quick practice

一、先根据词语写拼音，再将词语和正确的英文释义连起来
Write Pinyin according to the words, and then match the words with the correct English definitions.

1. 话剧________________	A. environmental protection; eco-friendly
2. 欢乐________________	B. conference
3. 环保________________	C. drama
4. 会议________________	D. collective
5. 机器________________	E. happy, joyous
6. 积极________________	F. foundation, basis
7. 基础________________	G. machine
8. 集体________________	H. active

二、选择合适的词语填空 Choose the right words and fill in the blanks.

（一） A. 化 B. 话剧 C. 话题 D. 欢乐 E. 环

1. 科技_____是人类社会的发展方向。
2. 看到这个_____大家都想说几句。
3. 我们明天一起去看那场_____吧。
4. _____的人们一边喝酒一边唱歌。
5. 新耳_____很适合你。

（二） A. 环保 B. 会议 C. 会员 D. 活 E. 火

1. 那个国际_____明年2月在北京举行。
2. 小树离开阳光就不能_____了。
3. _____非常重要，我们要少开车，多使用公共交通。
4. 那儿着_____了！快打119！
5. 他不是这家超市的_____，所以买东西一点儿也不便宜。

（三） A. 环境 B. 机器 C. 积极 D. 基本 E. 基本上

1. 我们学校的_____好极了，又安静又漂亮。
2. 请大家_____回答问题。
3. 他_____完成了这个月的工作。

4. 这台____坏了，不能用了。

5. 他已经达到____要求了。

（四） A. 基础 B. 及时 C. 极了 D. 集体 E. 集中

1. 我们要学好____知识。

2. 这种红茶好喝____！

3. 我们需要他的时候，他正好来了，他来得真____。

4. 请大家____注意力认真观察。

5. 上大学后要适应____生活。

三、选择合适的词语完成句子 Choose the right words to complete the sentences.

1. 我们的教室越来越____。

A. 很现代 B. 现代化 C. 现代的 D. 现代极了

2.你的这个主意 ____！我听你的。

A. 极好了 B. 极了好 C. 好极了 D. 好极

3. 请介绍一下儿互联网发展的____过程。

A. 基本 B. 基本上 C. 基础 D. 基础上

4. 在我们有问题的时候，他____出现了。

A. 按时 B. 及时 C. 准时 D. 随时

5. 他来中国以前学过半年中文，他有____。

A. 基本 B. 基本上 C. 基础 D. 基础上

第 17 单元　Unit 17

◎ 目标词语　Target words

321. 计算	322. 记录	323. 记者	324. 纪录	325. 纪念
326. 技术	327. 继续	328. 加工	329. 加快	330. 加强
331. 家具	332. 家属	333. 家乡	334. 价格	335. 价钱
336. 价值	337. 架	338. 坚持	339. 坚决	340. 坚强

◎ 速记　Quick memory

321 **计算**　jìsuàn　*v.*　calculate, count

计算一下儿；计算人数
我们来计算一下儿要多少钱。
做计算题的时候要认真。

322 **记录**　jìlù

（1）*n.*　minutes, notes
会议记录；做记录
这几次的会议记录都写好了。
班长负责做记录。
（2）*v.*　take notes
记录这件事；记录下来
他把当时的想法记录下来了。
请把听到的话记录在本子上。

323 **记者**　jìzhě　*n.*　reporter

一名记者；新闻记者
他是一名新闻记者。
记者采访（cǎifǎng，interview）了 5 个学生。

324 **纪录**　jìlù　*n.*　record

世界纪录；打破纪录
她创造了新的世界纪录。
他在比赛中打破了纪录。

325 **纪念**　jìniàn

（1）*v.*　commemorate
纪念他；纪念那段历史
这部电影是为了纪念那段历史。
我们用行动纪念这位伟大的人。
（2）*n.*　commemoration
纪念日；纪念馆

今天是他们公司成立十周年的纪念日。
这张照片给你做个纪念吧。

326 **技术** jìshù *n.* technology

科学技术；学习技术
我们要学习科学技术。
他的技术水平很高。

327 **继续** jìxù *v.* continue

继续工作；继续学习
两天了，雨一直没停，继续下着。
他这周末又不休息，这样继续下去可不行。

328 **加工** jiā//gōng process, polish

技术加工；加工一下儿
这张画儿还需要加工一下儿。
他负责加工各种面食。

329 **加快** jiākuài *v.* speed up

加快速度；加快步子
汽车加快速度往前开。
他加快步子，走到了最前边。

330 **加强** jiāqiáng *v.* strengthen

加强管理；加强教育
我们要加强公司的管理工作。
对有问题的孩子要加强教育。

331 **家具** jiājù *n.* furniture

买家具；一套家具
他买了一套新家具。
在网上买家具会便宜一点儿。

332 **家属** jiāshǔ *n.* family member

病人家属
病人家属非常感谢医生。
公司安排我们和家属一起去旅行。

333 **家乡** jiāxiāng *n.* hometown

回家乡；离开家乡
他离开家乡已经三年了。
这几年家乡的变化非常大。

334 **价格** jiàgé *n.* price

价格高；价格低
商场东西的价格一般比较高。
这个机器可以帮你查东西的价格。

335 **价钱** jià·qián *n.* price

价钱贵；原来的价钱
这件衬衫价钱不太贵。
这是原来的价钱，现在已经便宜了。

336 **价值** jiàzhí *n.* value

活着的价值；很大的价值
我们常常讨论“人活着的价值到底是什么”这个问题。
这些练习对考试复习有很大的价值。

337 **架** jià

（1）*m.* *a measure word for sth. with a stand or mechanism*
一架飞机；一架钢琴（gāngqín，piano）
城市上空飞过去一架飞机。
爸爸给我买了一架钢琴。
（2）*n.* shelf, hanger
书架
他把书都放在书架上了。
衣架上挂着几件衣服。
（3）*v.* erect, prop up, support
架起来；架着他走
他把倒下的小树架起来了。
他的腿受伤了，我们架着他走。

338 **坚持** jiānchí *v.* persist in, insist on

坚持运动；坚持工作
只有几个人坚持到了最后。
虽然很累，但他坚持跑完了5000米。

339 **坚决** jiānjué *adj.* tough, resolute

态度坚决；坚决反对
妈妈的态度非常坚决。
我坚决反对这个想法。

340 **坚强** jiānqiáng *adj.* strong

很坚强；坚强的人
经过这次事件后，他变得更坚强了。
遇到（yùdào，run into）困难不要怕，坚强点儿，困难会过去的。

◎ 速练　Quick practice

一、先根据词语写拼音，再将词语和正确的英文释义连起来
Write Pinyin according to the words, and then match the words with the correct English definitions.

1. 计算________　　A. commemorate; commemoration
2. 纪念________　　B. strengthen
3. 技术________　　C. calculate, count
4. 继续________　　D. technology
5. 加强________　　E. continue
6. 家具________　　F. family member
7. 家属________　　G. strong
8. 坚强________　　H. furniture

二、选择合适的词语填空　Choose the right words and fill in the blanks.

（一）　A. 计算　B. 记录　C. 记者　D. 纪念　E. 技术

1. 今天是他和女朋友认识一周年的____日。
2. 你____一下儿这次旅行要多少钱。
3. 电视台的____正在采访王老师。
4. 请把他说的话____在本子上。
5. 他在电脑方面的____非常好。

（二）　A. 纪录　B. 继续　C. 加工　D. 加快　E. 加强

1. 他们休息了一会儿，就____往山上爬了。
2. 如果你在超市买鱼，他们还可以给你____。
3. 我们要____地铁的发展速度。
4. 大学生可以多看看这些优秀（yōuxiù，excellent）的____片。
5. 他经常生病，医生让他____体育运动。

（三）　A. 家具　B. 家属　C. 家乡　D. 价格　E. 价值

1. 医生说病人没什么事，让____放心。
2. 我的____有山有水，景色美丽。
3. 这个周末，商场的____做活动，我们去看看吧。

4. 这儿东西的_____不比那儿的低，都挺贵的。

5. 他太年轻，还不明白人活着的_____是什么。

（四） A. 价钱 B. 架 C. 坚持 D. 坚决 E. 坚强

1. 只要我们_____运动，身体一定会越来越好。

2. 我_____反对他这个暑假（shǔjià，summer vacation）学开车。

3. 那个女孩儿非常_____，她带着生病的母亲去上大学。

4. 他买东西从来不问_____。

5. 我把那本书放在左边的书_____上了。

三、选择合适的词语完成句子 Choose the right words to complete the sentences.

1. 我已经学了一年中文了，我想_____。

A. 继续下去学 B. 学下去继续

C. 继续学下去 D. 学继续下去

2. 公司成立十多年了，每个_____日经理都会送我们一份特别的礼物。

A. 记录 B. 纪录 C. 纪念 D. 观念

3. 我们要_____速度才有可能成功。

A. 加工 B. 加快 C. 加强 D. 加油

4. 这些表格对我的调查有很大的_____。

A. 价格 B. 价值 C. 价钱 D. 评价

5. 虽然他身体不太好，但是他一直_____跟我们一起爬长城。

A. 坚持 B. 坚强 C. 坚决 D. 加强

第18单元 Unit 18

◎ 目标词语 Target words

341. 简单	342. 简直	343. 建	344. 建成	345. 建立
346. 建设	347. 建议	348. 将近	349. 将来	350. 交费
351. 交警	352. 交流	353. 交往	354. 交易	355. 叫
356. 较	357. 教材	358. 教练	359. 结实	360. 接待

◎ 速记 Quick memory

341 **简单** jiǎndān *adj.* simple

很简单；简单的问题
这道题非常简单。
她觉得做菜一点儿也不简单。

342 **简直** jiǎnzhí *adv.* virtually

他画的花简直跟真的一样。
王老师对我们充满爱心，简直像妈妈一样。

343 **建** jiàn *v.* build

建大楼；新建
那儿新建了一座大楼。
新图书馆已经建好了。

344 **建成** jiànchéng completed

那座楼建了五年多才建成。
这家公司建成了这座城市的第一高楼。

345 **建立** jiànlì *v.* establish

建立联系；建立关系
他们通过电子邮件建立了联系。
虽然一起学习的时间很短，但是我们已经建立了朋友关系。

346 **建设** jiànshè

（1）*v.* build, construct
加快建设；建设国家
我们要加快建设新工厂。
很多留学生毕业后选择（xuǎnzé，select）回国建设自己的国家。
（2）*n.* construction
经济建设；文化建设
经济建设是发展的根本。
我们要做好国家建设工作。

347 **建议** jiànyì

（1）*v.* suggest
建议多喝水；建议我们
我建议明天休息一天。
他建议早点儿出发去机场。
（2）*n.* suggestion
提建议；不错的建议
他给我们提了一些不错的建议。
我觉得这些建议很有用。

348 **将近** jiāngjìn *adv.* almost, approximately

将近7点；将近5万元
他昨天晚上将近9点才到家。
从这里到学校将近两公里。

349 **将来** jiānglái *n.* future

不远的将来；在将来
我相信在不远的将来我们还会再见。
这些留学生将来都要回国建设家乡。

350 **交费** jiāofèi *v.* pay a fee

A：请问，在哪里交费？
B：请到前边交费。

351 **交警** jiāojǐng *n.* traffic police

一名交警；找交警
交警帮他过马路。
当交警非常辛苦。

352 **交流** jiāoliú

（1）*v.* exchange
交流观点；交流方法
经常交流观点可以加强相互了解。
他们常在一起交流工作方法。
（2）*n.* communication
和父母的交流；文化交流
他和父母的交流越来越少。
这两个国家的文化交流历史很长。

353 **交往** jiāowǎng *v.* contact, associate

跟……交往；没有交往
他不大和人交往。
我跟他没有什么交往。

354 **交易** jiāoyì

（1）*v.* trade, transact
进行交易；公平交易

我们要保证公平交易。
这儿是本市最大的水果交易市场。
（2）*n.*　trade, transaction
一笔交易；谈交易
他今天谈成了一笔大交易。
和他谈交易要小心。

355 **叫**　jiào　*prep.*　*used to introduce the doer of an action*

我叫他的歌声吵醒了。
他的自行车叫他哥哥骑走了。

356 **较**　jiào　*adv.*　comparatively, quite

较少；较多
他总是能用较少的钱办较多的事。
这件事较简单。

357 **教材**　jiàocái　*n.*　textbook, teaching material

一本教材；新教材
我去书店买一本新教材。
这本教材我用了很多年。

358 **教练**　jiàoliàn　*n.*　coach

网球教练；一名教练
他爸爸是一名网球教练。
在教练的帮助下，他篮球打得越来越好了。

359 **结实**　jiēshi　*adj.*　strong, firm

很结实；结实的身体
他的身体很结实。
这双球鞋非常结实。

360 **接待**　jiēdài　*v.*　receive, entertain

接待客人；接待室
经理在会议室接待了北京来的客人。
这是我们公司的接待室。

◎ 速练 Quick practice

一、先根据词语写拼音，再将词语和正确的英文释义连起来
Write Pinyin according to the words, and then match the words with the correct English definitions.

1. 简单________________	A. establish
2. 建立________________	B. suggest; suggestion
3. 建议________________	C. simple
4. 将近________________	D. contact, associate
5. 交费________________	E. receive, entertain
6. 交往________________	F. almost, approximately
7. 教材________________	G. pay a fee
8. 接待________________	H. textbook, teaching material

二、选择合适的词语填空 Choose the right words and fill in the blanks.

（一） A. 简单 B. 简直 C. 建 D. 建立 E. 建设

1. 她非常关心我，_____就像我的妈妈一样。
2. 这儿将来会_____一座50层的高楼。
3. 他们_____了很不错的合作关系。
4. 你把问题想得太_____了！
5. 我长大以后要努力_____我的家乡。

（二） A. 建成 B. 建议 C. 将近 D. 将来 E. 交费

1. 他给我提了一些好_____。
2. 这座楼是去年冬天_____的。
3. 你_____打算做什么工作？
4. 今天的最高温度_____40度，太热了！
5. 我们要先_____才能入住，我已经把钱准备好了。

（三） A. 交警 B. 交流 C. 交往 D. 交易 E. 叫

1. 桌子上的面包都_____弟弟吃光了。
2. 两国的文化_____已经有几百年的历史了。
3. 那名_____已经在马路中间站了3个小时了。

4. 他谈成了那笔_____。

5. 她不怎么喜欢和人_____。

（四） A. 较 B. 教材 C. 教练 D. 结实 E. 接待

1. 这本中文_____非常不错！

2. 这个房间_____小，只够一个人住。

3. 我爷爷 60 多岁了，但身体非常_____。

4. 他在会议室_____了三位客人。

5. 他以前打篮球，现在成了篮球_____。

三、选择合适的词语完成句子 Choose the right words to complete the sentences.

1. 他们通过电子邮件_____了联系。

A. 建立 B. 建设 C 建成 D. 建

2. 这座楼_____快十年了。

A. 建立 B. 建设 C 建成 D. 建

3. 王小姐_____同屋的笑声吵醒了。

A. 叫 B. 把 C. 和 D. 向

4. 妹妹看电视的声音_____爷爷吵醒了。

A. 叫 B. 把 C. 被 D. 对

5. 他们常在一起_____工作方法。

A. 交往 B. 建议 C. 交易 D. 交流

第19单元 Unit 19

◎ 目标词语 Target words

361. 接近	362. 节约	363. 结合	364. 结婚	365. 结束
366. 解决	367. 解开	368. 金	369. 金牌	370. 仅
371. 仅仅	372. 尽量	373. 紧	374. 紧急	375. 紧张
376. 进步	377. 进一步	378. 进展	379. 近期	380. 京剧

◎ 速记 Quick memory

361 **接近** jiējìn *v.* be close to

接近半夜；接近世界最高水平
已经接近半夜了，他还没回家。
大家的水平很接近，所以比赛很好看。

362 **节约** jiéyuē *v.* practice thrift, save

节约时间；节约水电
我们合作吧，这样可以节约很多时间。
大家出门前记得关灯，这样可以节约用电。

363 **结合** jiéhé *v.* combine

结合在一起；结合课文
他们把这两件事结合在一起进行调查。
老师说考试题会结合课文，所以我们要认真复习。

364 **结婚** jié//hūn get married

和他结婚；没结婚
他们准备春节时结婚。
他和爱人结婚五年了。
他以前结过两次婚。

365 **结束** jiéshù *v.* finish, end

结束会议；结束访问
会议快要结束了。
代表团结束了访问，已经回国了。

366 **解决** jiějué *v.* solve

解决问题；解决难题
他的办法很快解决了这个问题。
难题还没解决。

367 **解开** jiěkāi undo, untie

解开衣服；解开绳子
太热了，他解开了外衣。
主人一解开绳子，小狗就跑开了。

368 **金** jīn *n.* gold; money

这块手表是金的。
这家店只能用现金买东西。

369 **金牌** jīnpái *n.* gold medal

一块金牌；得到金牌
他在比赛中得到一块金牌。
她把金牌挂在了墙上。

370 **仅** jǐn *adv.* only, merely

离飞机起飞仅有1个小时了。
他买完这些书，身上仅有5块钱了。

371 **仅仅** jǐnjǐn *adv.* only, merely

这座楼仅仅半年就建成了。
那篇文章我仅仅看了一小部分。

372 **尽量** jǐnliàng *adv.* to the best of one's ability

我明天很忙，尽量找时间过来吧。
他虽然工作很忙，但每个月也尽量读一本书。

373 **紧** jǐn *adj.* tight; urgent

非常紧；时间紧
这件衣服太紧了，穿着不舒服。
时间很紧，我们要走快一点儿。

374 **紧急** jǐnjí *adj.* emergent

很紧急；紧急出口
情况很紧急，我们马上出发。
这家商场有多个紧急出口。

375 **紧张** jǐnzhāng *adj.* nervous; tightly scheduled

很紧张；时间紧张
第一次表演节目时，他非常紧张。
还有不到一周时间，完成这个工作时间很紧张。

376 **进步** jìnbù

（1）*v.* advance, progress
这学期她进步很大。
努力让他的学习有很大的进步。
（2）*adj.* progressive
这些进步人士（rénshì，persons）帮助了很多人。

他把进步思想传播给了很多年轻人。

377 **进一步** jìnyíbù *adv.* further

我想进一步提高中文水平。
他在想办法进一步解决问题。

378 **进展** jìnzhǎn *v.* progress

进展很快；有进展
工作有新进展了。
在他的帮助下，这件事进展很快。

379 **近期** jìnqī *n.* recent

近期出现；近期表现
水果的价格近期没有太大变化。
他的最新小说近期就可以在书店买到了。

380 **京剧** jīngjù *n.* Beijing Opera

看京剧；表演京剧
他在晚会上表演京剧。
很多留学生对京剧很好奇。

◎ 速练 Quick practice

一、先根据词语写拼音，再将词语和正确的英文释义连起来

Write Pinyin according to the words, and then match the words with the correct English definitions.

1. 接近________________	A. get married
2. 节约________________	B. progress
3. 结婚________________	C. solve
4. 解决________________	D. be close to
5. 金牌________________	E. nervous; tightly scheduled
6. 尽量________________	F. practice thrift, save
7. 紧张________________	G. gold medal
8. 进展________________	H. to the best of one's ability

二、选择合适的词语填空 Choose the right words and fill in the blanks.

（一） A. 接近 B. 节约 C. 结合 D. 结婚 E. 结束

1. 他女儿去年和一个医生_____了。
2. 代表们决定_____会议。

3. 参加会议的有____100 人。

4. 你提建议的时候一定要____经理的想法。

5. 我们要____水电。

（二） A. 解决 B. 解开 C. 金 D. 仅 E. 尽量

1. 他帮助大家____了这个难题。

2. 那个____碗的艺术价值很高。

3. 他把绳子____了。

4. 那个孩子____4 岁，但已经认识很多汉字了。

5. 我____在下班前把事情解决好。

（三） A. 金牌 B. 仅仅 C. 紧 D. 紧急 E. 进步

1. 他____学了 1 年中文，就通过了 HSK 四级考试。

2. 时间非常____，我们要快点儿了。

3. 他在比赛中获得了一块____。

4. 由于发生了____情况，我们必须马上离开这座大楼。

5. 她今年学习很认真，____非常大。

（四） A. 紧张 B. 进一步 C. 进展 D. 近期 E. 京剧

1. 他想跟那家公司____合作。

2. 王经理说，____的工作已经安排好了。

3. 我爷爷很喜欢听____。

4. 明天的考试非常重要，他____得一晚上没睡觉。

5. 请你给大家介绍一下儿工作的____。

三、选择合适的词语完成句子 Choose the right words to complete the sentences.

1. 他姐姐下个月____。

A. 就要和男朋友结婚了　　B. 就要结婚男朋友了

C. 快要和男朋友结婚了　　D. 快要结婚和男朋友了

2. 代表们决定____。

A. 近期会议结束　　B. 会议结束近期

C. 近期结束会议　　D. 结束会议近期

3. 那本书我_____看了几页。

A. 不仅　　B. 不大　　C. 不但　　D. 仅仅

4. 他第一次参加这么重要的比赛，当然十分_____。

A. 紧急　　B. 紧张　　C. 紧　　D. 尽量

5. 他想了很多办法才_____了这个问题。

A. 解开　　B. 进步　　C. 进展　　D. 解决

第 20 单元　Unit 20

◎ 目标词语　Target words

381. 经济	382. 经历	383. 经验	384. 经营	385. 精彩
386. 精神（jīngshén，*n.*）		387. 精神（jīngshen，*adj./n.*）		
388. 景色	389. 警察	390. 静	391. 久	392. 旧
393. 救	394. 就是	395. 就业	396. 举办	397. 具体
398. 具有	399. 剧场	400. 据说		

◎ 速记　Quick memory

381 **经济**　jīngjì

（1）*n.*　economy
经济学；发展经济
他家的经济条件很好。
我们要重视发展经济，但也要重视环保。
（2）*adj.*　economic
十分经济；非常经济
这种车价格不贵，经济好用。
超市做活动时买东西非常经济。

382 **经历**　jīnglì

（1）*v.*　go through
经历了；没经历过
他经历了很多让人难过的事。
她没经历过离开父母的生活。
（2）*n.*　experience
生活经历；工作经历
请你简单地介绍一下儿你的工作经历。
这段经历让她永远也忘不了。

383 **经验**　jīngyàn　*n.*　experience

交流经验；经验丰富
他们每次见面都会交流工作经验。
她工作了快二十年了，很有经验。

384 **经营**　jīngyíng　*v.*　manage, run; engage in

努力经营；经营饭店
他经营着一家饭店。
这家商店经营各种农业生产工具。

385 **精彩** jīngcǎi *adj.* wonderful

很精彩；精彩的节目
我看了一场精彩的篮球比赛。
昨天晚会上表演的节目非常精彩。

386 **精神** jīngshén *n.* spirit

精神错乱；精神世界
他精神错乱，说的话谁也听不懂。
我们要有不怕苦、不怕累的精神。

387 **精神** jīngshen

（1）*adj.* vigorous, lively; handsome
十分精神；很精神
他眼睛大大的，挺精神的。
看这孩子长得多精神！
（2）*n.* vigor
有精神；没精神
这个好消息让我们充满精神。
他今天不舒服，看起来没什么精神。

388 **景色** jǐngsè *n.* scenery

日出的景色；景色好看
他们起得很早，想要看日出时的景色。
这儿的景色非常好看！

389 **警察** jǐngchá *n.* police

一名警察；年轻的警察
我姐姐是一名年轻的警察。
他从小就想当警察。

390 **静** jìng

（1）*adj.* quiet
很静
早上公园里人不多，很静。
这儿太吵了，我们找一个静一点儿的地方吧。
（2）*v.* quieten; calm
静一静；静下心来
请大家静一静，不要说话了。
妈妈让他静下心来好好看书。

391 **久** jiǔ *adj.* long, for a long time

很久；多久
你来了有多久了？
好久不见了。

392 **旧** jiù *adj.* old, used

旧书；旧衣服

他把旧书放在桌子上了。
这件旧衣服穿了好久了。

393 **救** jiù *v.* save, rescue

救人；救出来
有人掉进水里了，快救人。
一定要把那个孩子救出来。

394 **就是** jiùshì *conj.* (*used together with* "也") even, even if

就是在日常生活中，也需要有科学知识。
就是王经理来，也不一定能谈成这笔交易。

395 **就业** jiù//yè be employed, take up an occupation

就业人数；刚就业
今年大学生就业的问题比较突出。
他是去年毕业的，已经就业一年了。

396 **举办** jǔbàn *v.* hold, have

举办晚会；举办比赛
我们要举办毕业晚会。
这几个大学联合举办的篮球比赛很精彩。

397 **具体** jùtǐ *adj.* specific

具体计划；非常具体
他想了解一下儿具体的计划。
事情的经过，她说得非常具体。

398 **具有** jùyǒu *v.* have, possess

具有丰富的经验；具有特别的意义
他具有丰富的教学经验。
这座大楼的建成具有特别的意义。

399 **剧场** jùchǎng *n.* theater

小剧场；去剧场
他坐出租车去剧场。
她在剧场表演节目。

400 **据说** jùshuō *v.* it is said

据说王老师以前当过记者。
据说一吃这种药头疼就会好。

◎ 速练 Quick practice

一、先根据词语写拼音，再将词语和正确的英文释义连起来

Write Pinyin according to the words, and then match the words with the correct English definitions.

1. 经济________________	A. theater
2. 经验________________	B. manage, run; engage in
3. 经营________________	C. spirit; vigorous, lively; handsome; vigor
4. 精神________________	D. experience
5. 警察________________	E. be employed, take up an occupation
6. 就业________________	F. economy; economic
7. 举办________________	G. police
8. 剧场________________	H. hold, have

二、选择合适的词语填空 Choose the right words and fill in the blanks.

（一） A. 经济 B. 经历 C. 经营 D. 精彩 E. 精神

1. 这家商店_____各种水果。
2. 昨天的篮球比赛十分_____。
3. 这种药可能对人的_____产生一定的影响。
4. 我们很久没有联系了，不知道他这么多年_____了什么。
5. 中国的_____发展得越来越好。

（二） A. 经验 B. 精神 C. 景色 D. 警察 E. 静

1. 他又高又瘦，长得很_____。
2. 这儿有山有水，_____漂亮极了。
3. _____问了他几个问题就让他走了。
4. 这儿一个人都没有，真_____啊！
5. 她的工作_____非常丰富，一定能解决这个问题。

（三） A. 久 B. 旧 C. 救 D. 就业 E. 举办

1. 这本书很_____，是爸爸送给我的。
2. 有些大学生毕业以后不想马上_____。
3. 他打算_____一个生日晚会。

4. 我等了好____他才来。

5. 她在路边____了一只小狗。

（四） A. 具体 B. 具有 C. 剧场 D. 据说 E. 就是

1. 他____了解了事情的经过。

2. 这个____能坐下 200 名观众。

3. ____这个假期是从 7 月 1 号到 8 月 31 号，一共两个月。

4. 今天的考试对大家来说____特别的意义。

5. 为了学好中文，他每天都很努力，____吃饭也带着书。

三、选择合适的词语完成句子 Choose the right words to complete the sentences.

1. 他做过饭馆的服务员，在超市里打过工，后来读了大学，成了一名老师，____非常复杂。

A. 经济 B. 经历 C. 经验 D. 经营

2. 我爸爸当了 30 多年的老师，教学____丰富。

A. 经济 B. 经历 C. 经验 D. 经营

3. 这件衣服穿了三四年了，有点儿____，我想买件新的。

A. 久 B. 旧 C. 老 D. 长

4. 昨天晚会上的节目太____了，你真应该看看。

A. 精彩 B. 精神 C. 经济 D. 具体

5. 这家医院的建成____特别的意义。

A. 具体 B. 经营 C. 就是 D. 具有

第21单元　Unit 21

◎ 目标词语　Target words

401. 决定	402. 决赛	403. 决心	404. 绝对	405. 咖啡
406. 开发	407. 开放	408. 开始	409. 开业	410. 开展
411. 看起来	412. 看上去	413. 考验	414. 科技	415. 可靠
416. 可乐	417. 克服	418. 客观	419. 课程	420. 空

◎ 速记　Quick memory

401 **决定**　juédìng

（1）*v.*　decide
决定一件事；马上决定
代表们决定结束会议。
这件事应该怎么办，大家来决定。
（2）*n.*　decision
做决定；正确的决定
他的决定是正确的。
这是她个人的决定。

402 **决赛**　juésài

（1）*v.*　hold finals
进行决赛
下个月15号会进行决赛，请提前做好准备。
（2）*n.*　finals, final games
进了决赛；世界杯决赛
她网球打得不错，进了决赛。
世界杯决赛太精彩了。

403 **决心**　juéxīn

（1）*n.*　determination
下决心；有决心
他下决心改变自己。
我们有决心建设好我们的国家。
（2）*v.*　be determined to do
决心改正错误；决心按时完成
弟弟决心改正自己的错误。
我决心改掉自己晚睡的习惯。

404 **绝对**　juéduì　*adv.*　absolutely

我绝对没做过这件事。
我们绝对不去河里玩儿水。

405 **咖啡** kāfēi *n.* coffee

喝咖啡；一杯咖啡
我习惯早上喝一杯咖啡。
你喝茶还是咖啡？

406 **开发** kāifā *v.* develop, exploit

开发新技术；开发家乡
这个地方开发得非常好。
这里没有开发，保留了原来的样子。

407 **开放** kāifàng *v.* open (to the outside world)

开放日；开放参观
今天是校园开放日。
这个公园对人们开放参观。

408 **开始** kāishǐ

（1）*v.* begin, start
马上开始；几点开始
会议几点开始？
我8点开始写作业。
（2）*n.* beginning
新的开始；不错的开始
来中国工作是他人生新的开始。
外国人学中文，开始会觉得有点儿难。

409 **开业** kāi//yè start business

刚开业；近期开业
这家药店上周末刚开业。
我们超市近期开业，欢迎大家来购物（gòuwù，shopping）。

410 **开展** kāizhǎn *v.* develop, launch

开展工作；开展活动
工作开展得很顺利。
我们要多开展一些经验交流活动。

411 **看起来** kàn·qǐ·lái it seems

李老师今天看起来心情不好。
他看起来没睡好，一点儿精神都没有。

412 **看上去** kàn shàng·qù it looks, it seems

这座大楼看上去像新建的。
看上去要下雨了，我们快走吧。
她50岁了，不过看上去也就30多岁。

413 **考验** kǎoyàn *v.* test

考验他；考验一下儿
我们为了考验他，给他出了不少难题。

我们的感情经得起考验。

414 **科技** kējì *n.* technology

高科技；科技工作者
高科技改变了我们的生活。
他是一名科技工作者。

415 **可靠** kěkào *adj.* reliable

很可靠；可靠的人
他是一个很可靠的人。
这个消息可靠不可靠？

416 **可乐** kělè *n.* cola

喝可乐；一瓶可乐
你喝可乐还是咖啡？
请给我一瓶可乐。

417 **克服** kèfú *v.* overcome

克服困难；克服一下儿
我们要尽量自己克服困难。
这儿的条件不太好，请大家克服一下儿。

418 **客观** kèguān *adj.* objective

比较客观；客观对待
她看问题比较客观。
这本书写的都是客观存在的真实情况。

419 **课程** kèchéng *n.* curriculum, course

课程表；安排课程
我们按照课程表上课。
新学期的课程已经安排好了。

420 **空** kōng

（1）*adj.* empty; impractical
空房子；空想
房间里没有人，是空的。
这个本子是空的，什么也没写。
没有钱，你说的这些都是空想。
（2）*adv.* in vain
空忙；空高兴一场
他觉得自己空忙了一年，很难过。
得金牌的不是我，我空高兴了一场。

◎ 速练　Quick practice

一、先根据词语写拼音，再将词语和正确的英文释义连起来

Write Pinyin according to the words, and then match the words with the correct English definitions.

1. 绝对________________	A. coffee
2. 咖啡________________	B. open (to the outside world)
3. 开放________________	C. absolutely
4. 开展________________	D. test
5. 考验________________	E. develop, launch
6. 科技________________	F. reliable
7. 可靠________________	G. overcome
8. 克服________________	H. technology

二、选择合适的词语填空　Choose the right words and fill in the blanks.

（一）　A. 决赛　B. 决心　C. 绝对　D. 咖啡　E. 决定

1. 他下_____以后要好好学习。
2. 我一喝_____就头疼。
3. 雨太大了，她_____明天再去书店。
4. 昨天的_____他得了第一名。
5. 我_____没告诉过他这件事，我很好奇他是怎么知道的。

（二）　A. 开放　B. 开始　C. 开业　D. 开发　E. 看起来

1. 决赛几点_____？
2. 这家商场昨天刚_____。
3. 校园_____日那天有很多家长来参观。
4. 他_____有点儿不舒服。
5. 这个城市虽然很小，但是_____得很不错。

（三）　A. 看上去　B. 考验　C. 科技　D. 可靠　E. 开展

1. 妈妈_____很生气，她是不是听说了我的分数？
2. 他是一个很_____的人，我们可以相信他。
3. 我们公司在北京_____了调查。

4. ____改变了我们的生活。

5. 这个工作对他来说是很大的____。

（四） A. 克服 B. 客观 C. 课程 D. 空 E. 可乐

1. 我们要____很多困难才能成功。

2. 他的看法非常____。

3. 这个房子____了很久，一直没人住。

4. 我想买一瓶____。

5. 明天开学，你看到最新的____表了吗？

三、选择合适的词语完成句子 Choose the right words to complete the sentences.

1. 他下____要改掉自己不好的习惯。

A. 决赛 B. 决心 C. 绝对 D. 决定

2. 这家饭馆昨天刚____，顾客不多也正常。

A. 开发 B. 开放 C. 开始 D. 开业

3. 你喝____？

A. 咖啡还是可乐 B. 咖啡或者可乐

C. 咖啡或可乐 D. 咖啡和可乐

4. 他____比他爱人年轻得多。

A. 看上去 B. 看下去

C. 看过去 D. 看过来

5. 我们要____困难，不能害怕困难。

A. 考验 B. 开发 C. 开展 D. 克服

第22单元　Unit 22

◎ 目标词语　Target words

421. 空调	422. 恐怕	423. 空儿	424. 裤子	425. 快速
426. 困	427. 困难	428. 浪费	429. 老百姓	430. 老板
431. 老太太	432. 老头儿	433. 乐	434. 乐观	435. 类
436. 类似	437. 离婚	438. 里面	439. 理发	440. 理解

◎ 速记　Quick memory

421 **空调**　kōngtiáo　*n.*　air conditioner

开空调；一台空调
他买了一台新空调。
太热了，我们把空调打开吧。

422 **恐怕**　kǒngpà　*adv.*　*indicating an estimation*

他走了恐怕有20天了。
他到现在都没来，恐怕不会来了。

423 **空儿**　kòngr　*n.*　free time, spare time

有空儿；没空儿
我下午有空儿，可以跟你去超市。
他太忙了，没空儿和我看电影。

424 **裤子**　kùzi　*n.*　trousers, pants

穿裤子；一条裤子
他穿着一条黑裤子。
这条裤子有点儿长，有没有短一点儿的？

425 **快速**　kuàisù　*adj.*　fast

快速行动；快速离开
他快速往前跑了几步。
因为要赶火车，我们快速离开了那个地方。

426 **困**　kùn

（1）*adj.*　sleepy
很困；有点儿困
我困得睁［zhēng，open (one's eyes)］不开眼睛了。
你要是困了，就去睡一会儿吧。
（2）*v.*　be stranded, be trapped
困住；困在那儿
这个问题困住了很多人。

他被大雪困在山里了。

427 **困难** kùnnan

(1) *n.* difficulty
有困难；克服困难
我们要克服各种困难才能成功。
你觉得学中文最大的困难是什么？
(2) *adj.* difficult
很困难；不困难
他们家生活很困难。
这件事做起来有些困难。

428 **浪费** làngfèi *v.* waste

浪费时间；浪费水
快点儿写作业，不要浪费时间。
不要浪费水。

429 **老百姓** lǎobǎixìng *n.* common people

普通老百姓；老百姓的生活
他只是一个普通老百姓。
老百姓的生活越来越好了。

430 **老板** lǎobǎn *n.* boss

当老板；商店的老板
这家商店的老板很年轻。
老板，苹果多少钱一斤？

431 **老太太** lǎotàitai *n.* old woman

一个老太太；很多老太太
那个老太太身体非常好。
有的老太太喜欢在公园唱京剧。

432 **老头儿** lǎotóur *n.* old man

一个老头儿；老头儿和老太太
那个老头儿已经90岁了。
公园里有很多老太太和老头儿在散步。

433 **乐** lè *v.* laugh

孩子高兴得哈哈乐。
听了我说的话，他乐了。

434 **乐观** lèguān *adj.* optimistic

很乐观；不乐观
他是一个很乐观的人。
他的病不太乐观。

435 **类** lèi

（1）*n.* kind, type, class
分类（fēn//lèi，classify）；同类（tónglèi，of the same kind）
这两种动物是同类。
这些书要按不同的类分别放。
（2）*m.* *a measure word for kinds*
一类；两类
这两种水果不是一类。
他把汉字分成两大类。

436 **类似** lèisì

（1）*v.* be similar
和……类似
这次的比赛结果和上一次类似。
类似这次的情况，我不想再见到了。
（2）*adj.* similar
类似的现象很多。
类似的原因会产生类似的结果。

437 **离婚** lí//hūn divorce

已经离婚；和他离婚
他们已经离婚三年了。
她离过两次婚，现在一个人生活。

438 **里面** lǐmiàn *n.* in, inside

房间里面；教室里面
房间里面有几个人。
教室里面有桌子和椅子。

439 **理发** lǐ//fà haircut

给他理发；理个发
他去理发店理发了。
我头发太长了，要去理个发。

440 **理解** lǐjiě *v.* understand

互相理解；完全理解
我们互相理解，互相帮助。
我完全不理解他的想法。

◎ 速练 Quick practice

一、先根据词语写拼音，再将词语和正确的英文释义连起来

Write Pinyin according to the words, and then match the words with the correct English definitions.

1. 空调________________	A. optimistic
2. 恐怕________________	B. be similar; similar
3. 快速________________	C. difficulty; difficult
4. 困难________________	D. understand
5. 浪费________________	E. air conditioner
6. 乐观________________	F. fast
7. 类似________________	G. waste
8. 理解________________	H. *indicating an estimation*

二、选择合适的词语填空 Choose the right words and fill in the blanks.

（一） A. 空调 B. 恐怕 C. 空儿 D. 裤子 E. 快速

1. 这座楼_____有300年的历史了。
2. 太热了，快把_____打开。
3. 明天下午你有_____吗？我们一起去商场买东西吧。
4. 他_____走到座位上坐下了。
5. 这条_____看起来不错。

（二） A. 困 B. 困难 C. 浪费 D. 老百姓 E. 老太太

1. 那个_____80岁了，身体非常好。
2. 有_____找警察。
3. 他一晚上没睡觉，现在_____极了。
4. _____是国家的根本。
5. 不要_____水和电。

（三） A. 老板 B. 老头儿 C. 乐 D. 乐观 E. 类

1. _____让他去北京找那家公司谈合作。
2. 虽然有很多困难，但是他一直都很_____。
3. 他一听我说的话就_____了。

4. 我们可以把这些书分一下儿_____。

5. 那个_____每天在体育场里打球。

（四） A. 类似 B. 离婚 C. 里面 D. 理发 E. 理解

1. 据说他已经和爱人_____了。

2. 书包_____有两本书和一把伞。

3. 我不太_____老师今天讲的课文。

4. 他昨天刚_____了_____，今天看上去非常精神。

5. 我遇到的困难跟他_____，他把解决的方法告诉我了。

三、选择合适的词语完成句子 Choose the right words to complete the sentences.

1. 家里什么吃的都没有，_____只能点外卖了。

A. 恐怕 B. 害怕 C. 怕 D. 小心

2. 他_____走到车门旁边，拉开了车门。

A. 快 B. 快点儿 C. 快速 D. 高速

3. 他去商场买了一_____空调，还买了一_____裤子。

A. 台；条 B. 台；件 C. 架；条 D. 架；件

4. 因为人生理想不同，他_____。

A. 离婚了爱人 B. 爱人离婚了

C. 和爱人离婚了 D. 离婚了和爱人

5. A：你的书在哪儿？

B：_____。

A. 里面书包 B. 书包里面

C. 里面的书包 D. 书包里面在

第 23 单元　Unit 23

◎ 目标词语　Target words

441. 理论	442. 理由	443. 力	444. 力量	445. 立刻
446. 利用	447. 连	448. 连忙	449. 连续	450. 连续剧
451. 联合	452. 联合国	453. 联系	454. 凉水	455. 了
456. 领	457. 领导	458. 领先	459. 另外	460. 另一方面

◎ 速记　Quick memory

441 **理论**　lǐlùn　*n.*　theory

学习理论；新理论
我接受他提出的新理论。
用理论解决问题要注意结合实际。

442 **理由**　lǐyóu　*n.*　reason

有理由；各种理由
老板一问她为什么来晚了，她就找各种理由。
他没有理由不来上课。

443 **力**　lì　*n.*　power, (physical) strength

用力；人力
他用力向前推车。
有钱出钱，有力出力。

444 **力量**　lì·liàng　*n.*　physical strength

力量大；有力量
人多力量大。
他虽然个子不高，但是很有力量。

445 **立刻**　lìkè　*adv.*　immediately

立刻去；立刻走
请大家立刻到图书馆去。
我们立刻把病人送到了医院。

446 **利用**　lìyòng　*v.*　use, make use of

利用假期；利用周末
他利用假期到北方旅行。
我们利用周末去动物园参观。

447 **连** lián

（1）*v.* link
心连心；连起来
这儿天连水，水连天，景色真好！
她作文里的这两句话连不起来。
（2）*adv.* in succession
他给我连写了好几封信。
这个话剧连演了一个多月。
（3）*prep.* even
他太忙了，连午饭都没时间吃。
不要问他结没结婚，他连女朋友都没有。

448 **连忙** liánmáng *adv.* promptly

他接到朋友的电话后，就连忙打车去车站了。
老太太一上车，那个年轻人就连忙站起来让座（ràng//zuò，offer a seat）。

449 **连续** liánxù *v.* follow in an uninterrupted course

连续一周；连续不断
好消息连续传来。
雨连续下了一个星期。

450 **连续剧** liánxùjù *n.* (TV) serial

看连续剧；电视连续剧
妈妈喜欢一边看连续剧一边准备晚饭。
这个连续剧受到年轻人的欢迎。

451 **联合** liánhé *v.* unite, join up

联合起来；联合他
大家一定要联合起来克服困难。
我们要联合别的班参加比赛。

452 **联合国** Liánhéguó *n.* the United Nations

他在联合国工作。
中文是联合国的六种工作语言之一（zhī yī，one of...）。

453 **联系** liánxì

（1）*v.* contact
保持联系；通过……联系
毕业以后我们没有联系过。
这是我的手机号，有事你可以打电话联系我。
（2）*n.* connection, contact
联系电话；失去联系
这儿写着联系电话，我们打一个吧。
他离开这儿以后，我们就失去了联系。

454 **凉水** liángshuǐ *n.* cold water

喝凉水；一杯凉水

我不喜欢喝凉水，我喜欢喝热茶。
他常洗凉水澡。

455 **了** liǎo *v.* *used after a verb as a complement with "得" or "不" to indicate possibility or finality*

做得了；来不了；吃不了
他今天有事，来不了。
这菜太辣（là，spicy, hot），我吃不了。

456 **领** lǐng *v.* lead

领读；领跑
今天王明来领读，我们跟他一起读。
他把客人领到座位上。

457 **领导** lǐngdǎo

（1）*v.* lead
领导现代化建设工作；领导我们
他很有领导经验。
在她的领导下，我们的工作开展得十分顺利。
（2）*n.* leader
我的领导；领导的安排
我们领导非常有想法。
我们按领导的安排开展工作。

458 **领先** lǐng//xiān be in the lead

世界领先；领先很多
他跑得很快，领先别人很多。
比赛还没结束，现在中国队领先。

459 **另外** lìngwài

（1）*pron.* another, other
我还要跟你谈另外一件事情。
我喜欢这条裤子，另外一条太长了。
（2）*adv.* in addition
他另外又补充了一些建议。
你用这本词典吧，我另外买一本。
（3）*conj.* and
我买本子，另外买点儿笔。
他学英语，另外还学法语。

460 **另一方面** lìng yìfāngmiàn on the other hand

一方面……另一方面……
他一方面找朋友帮忙，另一方面自己也想了不少办法。
骑自行车一方面可以锻炼（duànliàn，exercise）身体，另一方面也可以保护环境。

◎ 速练　Quick practice

一、先根据词语写拼音，再将词语和正确的英文释义连起来
Write Pinyin according to the words, and then match the words with the correct English definitions.

1. 理论________________	A. contact; connection, contact
2. 力量________________	B. theory
3. 立刻________________	C. physical strength
4. 连续________________	D. unite, join up
5. 联合________________	E. lead; leader
6. 联系________________	F. immediately
7. 凉水________________	G. follow in an uninterrupted course
8. 领导________________	H. cold water

二、选择合适的词语填空　Choose the right words and fill in the blanks.

（一）　A. 理论　B. 理由　C. 力　D. 立刻　E. 利用

1. 那个孩子一看到妈妈_____笑了。
2. 这个_____一点儿也不科学，解决不了我们的问题。
3. 他_____周末去看朋友。
4. 我用_____推开门。
5. 我不相信他说的_____，他不是病了，而是出去玩儿了，所以没写作业。

（二）　A. 力量　B. 连　C. 连忙　D. 连续　E. 联合

1. 我们学校_____北京大学共同举办这个比赛。
2. _____三天都有雨，什么时候才能晴天呢？
3. 他_____星期天都要在办公室工作。
4. 考试开始了，同学们_____开始答题。
5. 人多_____大。

（三）　A. 连续剧　B. 联合国　C. 联系　D. 凉水　E. 另外

1. 我喜欢看电视_____。
2. 我打电话跟她_____。
3. _____在国际社会上的作用越来越大。

4. 太热了，我想喝杯_____。

5. 他吃了一碗米饭，_____喝了一碗汤。

（四） A. 领 B. 领导 C. 领先 D. 了 E. 另一方面

1. 经理_____着我们参观公司。

2. 比赛还没结束，现在中国队 2 : 0_____。

3. 现在请_____讲话。

4. 明天我没空儿，去不_____。

5. 我选择当老师有两个理由，一方面是有假期，_____是跟孩子在一起让人感觉年轻。

三、选择合适的词语完成句子 Choose the right words to complete the sentences.

1. 这道题_____三岁的孩子都会做。

A. 立刻 B. 连 C. 连忙 D. 另外

2. 他_____三年都没有回家过春节了。

A. 连忙 B. 连 C. 连续 D. 不断

3. 我吃不_____辣，一吃就很难受。

A. 完 B. 好 C. 了 D. 起

4. 他借走了一本，_____一本在我这儿。

A. 另外 B. 另一方面

C. 仅仅 D. 不光

5. 他们比赛打得不好，一方面因为太紧张，_____因为不习惯这儿的环境。

A. 另外 B. 只是 C. 就是 D. 另一方面

第 24 单元　Unit 24

◎ 目标词语　Target words

461. 留学	462. 龙	463. 录	464. 录音	465. 路线
466. 旅馆	467. 旅行社	468. 绿茶	469. 乱	470. 落后
471. 麻烦	472. 马	473. 满足	474. 慢慢	475. 毛
476. 毛病	477. 没用	478. 媒体	479. 每	480. 美

◎ 速记　Quick memory

461 **留学**　liú//xué　study abroad

去留学；留过学
我想去中国留学。
他曾经在中国留过学。

462 **龙**　lóng　*n.*　dragon

一条龙；龙灯
他在纸上画了一条龙。
那条船像龙一样。

463 **录**　lù　*v.*　record

录歌；录下来
她去年录了很多中文歌。
我们把他上中文课的过程录下来了。

464 **录音**　lùyīn

（1）*v.*　record
用手机录音；录音笔
他说的话已经被录音了。
我们用这台录音机录音。
（2）*n.*　recording
听录音；课文录音
我来给大家播放录音。
现在大家一起听第五课的录音。

465 **路线**　lùxiàn　*n.*　route

旅行路线；一条路线
这条路线是对的。
我们按照他说的路线往前走。

466 **旅馆**　lǚguǎn　*n.*　hotel

一家旅馆；住旅馆

天黑了，我们找一家旅馆住下来吧。
这家旅馆又干净又便宜。

467 **旅行社** lǚxíngshè *n.* travel agency

一家旅行社；在旅行社工作
他姐姐在旅行社工作。
旅行社已经帮我们安排好了旅行路线。

468 **绿茶** lǜchá *n.* green tea

喝绿茶；买绿茶
你喝绿茶还是红茶？
中国的绿茶很有名。

469 **乱** luàn *adj.* messy

很乱；乱极了
我的头发很乱。
他的房间有点儿乱。

470 **落后** luò//hòu fall behind

落后一点儿；经济落后
他们先到了，我们落后一点儿。
这里发展得不太好，经济还比较落后。
我们的工作进展不大，比原来的计划落后不少。

471 **麻烦** máfan

（1）*v.* bother sb. to do sth.
麻烦别人；麻烦您
自己的事情自己做，不要麻烦别人。
谢谢您的帮助，麻烦您了！
（2）*adj.* troublesome
很麻烦；麻烦得很
这个问题很麻烦。
我觉得做菜麻烦得很。
（3）*n.* trouble
有麻烦；不少麻烦
他现在有麻烦了，我们当然要帮他。
他留学时遇到过很多麻烦，但都解决了。

472 **马** mǎ *n.* horse

骑马；一匹（pǐ，*a measure word for horses*）马
我小时候骑过马。
这马跑得真快。

473 **满足** mǎnzú *v.* be satisfied (with); satisfy

满足要求；不满足
我们会努力满足大家的要求。
只要能通过考试，我就满足了。

474 **慢慢** mànmàn slowly

慢慢走；慢慢看
那个老太太慢慢走了过来。
他慢慢打开了书，认真地读了起来。

475 **毛** máo *n.* feather, fur

鸡毛；羊毛
这件衬衫穿着很暖和，是用羊毛做的。
这只羊身上的毛很多。

476 **毛病** máo·bìng *n.* trouble, blunder, defect

有毛病；小毛病
他的手机有毛病。
她做事容易出毛病。
小孩儿贪玩（tān wán，be excessively fond of playing）不算毛病。

477 **没用** méiyòng *v.* useless

真没用；很没用
这个东西真没用，别买！
没能帮上大家，他觉得自己很没用。

478 **媒体** méitǐ *n.* media

新闻媒体；新媒体
我们通过新闻媒体了解最新的消息。
互联网是一种发展很快的新媒体。

479 **每** měi

（1）*pron.* every
每天；每个人
他每天6点起床。
每个人都在做自己喜欢的事。
（2）*adv.* every
她每吃一口辣的就喝很多水。
我每写对一题，妈妈就表扬（biǎoyáng，praise）我一次。

480 **美** měi *adj.* beautiful

很美；美极了
这里的景色多美啊！
那个姑娘长得真美！

◎ 速练 Quick practice

一、先根据词语写拼音，再将词语和正确的英文释义连起来

Write Pinyin according to the words, and then match the words with the correct English definitions.

1. 录音________________	A. hotel
2. 路线________________	B. be satisfied (with); satisfy
3. 旅馆________________	C. study abroad
4. 落后________________	D. route
5. 留学________________	E. record; recording
6. 满足________________	F. media
7. 毛病________________	G. fall behind
8. 媒体________________	H. trouble, blunder, defect

二、选择合适的词语填空 Choose the right words and fill in the blanks.

（一） A. 留学 B. 龙 C. 录 D. 录音 E. 路线

1. 天上的云很像一条长长的_____。
2. 他的父母同意他到中国_____。
3. 请大家注意听这段_____。
4. 这条旅游_____景色很美。
5. 我已经把他说的话_____下来了。

（二） A. 旅馆 B. 旅行社 C. 绿茶 D. 乱 E. 落后

1. _____已经安排好了旅行路线。
2. 请给我一杯_____。
3. 我的房间一点儿都不_____。
4. 这家小_____环境看起来很不错。
5. 以前这儿很_____，现在发展得越来越现代化了。

（三） A. 麻烦 B. 马 C. 满足 D. 慢慢 E. 毛

1. 他喜欢骑_____。
2. 这件事_____得很。
3. 你的工作那么好，你还不_____吗？

4. 我听说这种笔是用马____做的。

5. 我____走到他后边。

（四） A. 毛病 B. 没用 C. 媒体 D. 每 E. 美

1. 我发现刚买的手机有点儿____。

2. 我____年都会去旅行一次。

3. 这台电脑在这儿____了，搬走吧。

4. 手机是我们每天看____消息最常用的工具。

5. 你穿这件衣服真____啊！

三、选择合适的词语完成句子 Choose the right words to complete the sentences.

1. 我哥哥的房间____。

A. 一点儿也不乱 B. 一点儿乱也没有

C. 不一点儿也乱 D. 不乱一点儿

2. 那家____已经提前帮游客安排好了房间。

A. 路线 B. 电台 C 旅行社 D. 旅行

3. 谢谢您的帮助，____您了！

A. 满足 B. 利用 C. 麻烦 D. 领导

4. 这次考试太难了，能考 60 分我就____了。

A. 满足 B. 充满 C. 麻烦 D. 没用

5. 他们公司____开一次会。

A. 每个两星期 B. 每两个星期

C. 每个两个星期 D. 每星期两个

第25单元　Unit 25

◎ 目标词语　Target words

481. 美好	482. 美丽	483. 美食	484. 美术	485. 美元
486. 迷	487. 米	488. 面对	489. 面积	490. 民间
491. 民族	492. 明确	493. 明显	494. 命运	495. 某
496. 母亲	497. 木头	498. 目标	499. 目前	500. 奶茶

◎ 速记　Quick memory

481 **美好**　měihǎo　*adj.*　wonderful, bright

美好的生活；美好的将来
祝你们都有美好的将来。
他在中国的留学生活非常美好。

482 **美丽**　měilì　*adj.*　beautiful

美丽的女孩儿；美丽的花
我们学校有一个美丽的大花园。
美丽的景色让人心情愉快（yúkuài，cheerful）。

483 **美食**　měishí　*n.*　delicacy

美食家；美食街
他是一个美食家。
这是一条非常有名的美食街，有全国各地的美食。

484 **美术**　měishù　*n.*　fine arts

美术课；美术老师
他今天上午有两节美术课。
你喜欢音乐、体育还是美术？

485 **美元**　měiyuán　*n.*　U.S. dollar

一美元；换美元
一美元现在能换多少人民币？
他把美元换成人民币了。

486 **迷**　mí　*v.*　get lost; be absorbed in

迷路（mí//lù，lose one's way）；迷上
他迷路了，找了半天也没找到要去的地方。
他最近迷上京剧了。

487 **米**　mǐ　*n.*　rice

大米；米饭

这里的米、面都很有名。
这种米做出来的饭味道很好。

488 **面对** miànduì *v.* face, confront

面对困难；面对问题
未来，让我们一起面对困难。
我不知道应该怎么面对他。

489 **面积** miànjī *n.* area

面积大；房间的面积
这个房间比那个房间面积大。
这个教室面积有多大？

490 **民间** mínjiān *n.* folk

民间音乐；民间故事
他喜欢听民间音乐。
这是一个民间传说。

491 **民族** mínzú *n.* ethnic group

民族团结；多民族
中国有56个民族。
要尊重各民族的文化。

492 **明确** míngquè

（1）*adj.* clear
很明确；观点明确
他的目的很明确。
我已经明确表达了我对这件事的态度。
（2）*v.* make clear
明确目标；明确任务
领导明确了大家的任务。
新的一年我们要明确努力的方向。

493 **明显** míngxiǎn *adj.* obvious

很明显；不明显
他的进步很明显。
她什么都不知道，很明显上课没认真听。

494 **命运** mìngyùn *n.* fate

个人的命运；改变命运
他把发生的一切看成是命运的安排。
他相信通过努力可以改变自己的命运。

495 **某** mǒu *pron.* certain, some

某地；某人
某一天，我一定会回到这里。
李某把事情的经过告诉了警察。

496 **母亲** mǔ·qīn *n.* mother

父亲和母亲；我的母亲
我爱我的母亲。
我的母亲今年70岁了。

497 **木头** mùtou *n.* wood

木头桌子；一块木头
这张木头桌子特别重。
他想用那块木头做一把椅子。

498 **目标** mùbiāo *n.* target

目标明确；发现目标
他的目标非常明确。
我们今天的目标是学完第5课。

499 **目前** mùqián *n.* current

目前的生活；目前的情况
我不太喜欢目前的工作。
目前来这儿参观的人不太多。

500 **奶茶** nǎichá *n.* milk tea

喝奶茶；一杯奶茶
你喝奶茶还是咖啡？
这杯奶茶很好喝。

◎ 速练 Quick practice

一、先根据词语写拼音，再将词语和正确的英文释义连起来
Write Pinyin according to the words, and then match the words with the correct English definitions.

1. 美丽________	A. folk
2. 美术________	B. area
3. 面对________	C. ethnic group
4. 面积________	D. target
5. 民间________	E. fine arts
6. 民族________	F. beautiful
7. 命运________	G. face, confront
8. 目标________	H. fate

二、选择合适的词语填空　Choose the right words and fill in the blanks.

（一）　A. 美好　B. 美丽　C. 美食　D. 美术　E. 美元

1. 那里有____的景色，去旅游的人很多。
2. ____的生活正等着年轻的你们。
3. 我明天有____课，我要准备画笔。
4. 请帮我把____换成人民币。
5. 他是一个____家，想吃好吃的可以问他。

（二）　A. 迷　B. 米　C. 面对　D. 面积　E. 民间

1. 这种____艺术很受人们欢迎。
2. 我喜欢吃____饭。
3. 他怎么还没回来？不会____路了吧？
4. 要积极____困难。
5. 这套房子____挺大的。

（三）　A. 民族　B. 明确　C. 明显　D. 命运　E. 某

1. 他相信将来的____一天，他一定会成功。
2. 他相信只要努力，就可以改变自己的____。
3. 昨天的作业他都写错了，____上课没听懂。
4. 中国有 56 个____，人民团结、友好。
5. 我已经____表达了我对这件事的态度。

（四）　A. 母亲　B. 木头　C. 目标　D. 目前　E. 奶茶

1. 这张____桌子很好看。
2. 他____还不打算结婚。
3. 他们常常喝____。
4. 我的____常常给我打电话，让我好好照顾自己。
5. 你的学习____是什么？

三、选择合适的词语完成句子　Choose the right words to complete the sentences.

1. 他去银行____。

A. 把美元换成人民币　B. 换美元成人民币

C. 换美元人民币　　D. 美元换成人民币

2. 他很喜欢吃好吃的，朋友们说他是_____。

A. 美食人　　B. 美食家　　C. 美食生　　D. 美食员

3. 考试快要结束了，他认真检查了一遍，没看到_____的错误。

A. 明确　　B. 明白　　C. 明显　　D. 目标

4. 这是_____。

A. 一张新木头的桌子　　B. 一张木头新的桌子

C. 一张新的木头桌子　　D. 一张的新木头桌子

5. 这个地方的生活多_____啊！

A. 美丽　　B. 美好　　C. 漂亮　　D. 好看

第26单元　Unit 26

◎ 目标词语　Target words

501. 男子	502. 南部	503. 难道	504. 难度	505. 内
506. 内容	507. 内心	508. 能不能	509. 能力	510. 年初
511. 年代	512. 年底	513. 年纪	514. 念	515. 牛
516. 农村	517. 农民	518. 农业	519. 女子	520. 暖和

◎ 速记　Quick memory

501 **男子**　nánzǐ　*n.*　man

一名男子；男子篮球赛
他参加了男子自行车比赛。
那名男子穿着黑色衬衣、白色裤子。

502 **南部**　nánbù　*n.*　southern part

中国南部；南部地区
中国南部地区最近有大雨。
这个国家的南部有很多山。

503 **难道**　nándào　*adv.*　*used in a rhetorical question for emphasis*

他们做得到，难道我们就做不到吗？
她房间里的灯开着呢，难道她还没睡？

504 **难度**　nándù　*n.*　difficulty

有难度；难度大
明天6点就要起床对他来说有难度。
学习中文一年的留学生想通过HSK六级考试难度比较大。

505 **内**　nèi　*n.*　in, inside, within

室内；国内
室内开了空调。
很多人利用五一假期进行国内游。

506 **内容**　nèiróng　*n.*　content

内容丰富；谈话的内容
这本书内容非常丰富。
我们谈话的内容很有意思。

507 **内心**　nèixīn　*n.*　innermost being, heart

内心世界；他的内心
我不太了解他的内心世界。

他发自内心地笑了。

508 **能不能** néng bu néng can you...

能不能去；能不能看
他能不能参加比赛？
你能不能早点儿起床？

509 **能力** nénglì *n.* ability, capacity

生活能力；有能力
她太小了，没有生活能力。
他经验丰富，有能力做好这份工作。

510 **年初** niánchū *n.* beginning of the year

年初的时候；去年年初
年初的时候，我买了一台电脑。
他打算明年年初去中国留学。

511 **年代** niándài *n.* age; years

40年代；年代久远
他出生在20世纪40年代。
这个房子年代比较久远。

512 **年底** niándǐ *n.* end of the year

今年年底；去年年底
我们打算今年年底结婚。
他去年年底就回国了。

513 **年纪** niánjì *n.* age

年纪小；年纪大
她虽然年纪小，但是很懂事[dǒng//shì，sensible (of a child)]。
他看起来年纪有点儿大。

514 **念** niàn *v.* read aloud

念课文；念信
请大家把课文念一遍。
他把信念给奶奶听。

515 **牛** niú *n.* cow, cattle

一头牛；牛肉
这头牛吃饱了。
草原上有很多的牛和羊。

516 **农村** nóngcūn *n.* countryside

去农村；在农村
有些大学生毕业以后会去农村工作。
农村的生活跟城市不太一样。

517 **农民** nóngmín *n.* farmer

一个农民；农民的生活
他父亲是农民。
她长大以后想去城里工作，不想当农民。

518 **农业** nóngyè *n.* agriculture

发展农业；农业和工业
农村、农民和农业是国家发展的基础。
我们要重视农业发展。

519 **女子** nǚzǐ *n.* woman

一名女子；女子比赛
那名女子走进了咖啡馆。
她参加了女子篮球比赛。

520 **暖和** nuǎnhuo *adj.* warm

很暖和；不暖和
这儿的春天很暖和。
房间里非常暖和。

◎ 速练 Quick practice

一、先根据词语写拼音，再将词语和正确的英文释义连起来
Write Pinyin according to the words, and then match the words with the correct English definitions.

1. 南部________ A. warm
2. 难道________ B. southern part
3. 内容________ C. ability, capacity
4. 能力________ D. content
5. 年代________ E. farmer
6. 农村________ F. *used in a rhetorical sentence for emphasis*
7. 农民________ G. age; years
8. 暖和________ H. countryside

二、选择合适的词语填空 Choose the right words and fill in the blanks.

（一） A. 男子 B. 南部 C. 难道 D. 难度 E. 内

1. 他在____划船比赛中表现得非常好。
2. 她____没告诉你这件事吗？
3. 中国____地区明天有雨。

4. 他一个人做这么多事情有很大的____。

5. 外面下雨了，同学们只能在室____活动。

（二） A. 内容 B. 内心 C. 能不能 D. 能力 E. 年初

1. 虽然他____很紧张，但是看起来跟平时一样。

2. 你____再给我讲一遍？

3. 他请我明年____去上海玩儿。

4. 他有____完成这项（xiàng，*a measure word for itemized things*）工作。

5. 我不知道他写的信是什么____。

（三） A. 年代 B. 年底 C. 年纪 D. 念 E. 农村

1. 虽然现在工作很忙，但到今年____一切都会好起来的。

2. 我认为 20 世纪 90____的歌很好听。

3. 您今年多大____？

4. 我喜欢____的生活，比城市安静多了。

5. 请____一下儿这个句子。

（四） A. 牛 B. 农民 C. 农业 D. 女子 E. 暖和

1. 那个长头发的红衣____是我小学同学。

2. 他家里有一头老____。

3. 这几个村的____都富起来了，搬进了新家。

4. ____的发展离不开科技的进步。

5. 房间里开了空调，非常____。

三、选择合适的词语完成句子 Choose the right words to complete the sentences.

1. ____你不知道这件事吗？我以为他早就告诉你了。

A. 难道 B. 难度 C. 难过 D. 难点

2. ____开了空调，非常温暖。

A. 室的内 B. 房间的内 C. 室内 D. 室外

3. 你____把这篇课文念一遍？

A. 能不能 B. 行不行 C. 好不好 D. 是不是

4. A：你爸爸____？

B：我爸爸 56 岁了。

A. 几岁　　B. 几年　　C. 多大年纪　　D. 年纪是几岁

5. 她第一次参加_____网球比赛就得了金牌。

A. 女生　　B. 女孩儿　　C. 女儿　　D. 女子

第 27 单元　Unit 27

◎ 目标词语　Target words

521. 怕	522. 拍	523. 排	524. 排名	525. 牌子
526. 派	527. 判断	528. 胖	529. 跑步	530. 配
531. 配合	532. 批评	533. 批准	534. 皮	535. 皮包
536. 啤酒	537. 票价	538. 评价	539. 苹果	540. 破

◎ 速记　Quick memory

521 **怕**　pà　*adv.*　perhaps

这个老太太怕是有100岁了。
你快来看看，怕要出大问题了。

522 **拍**　pāi　*v.*　clap, pat; take (a picture)

拍手；拍照
她在练习拍球，已经拍得不错了。
他的拍照技术特别好。

523 **排**　pái　*v.*　line up, arrange in order

排队；排成一行
人虽然有点儿多，但大家已经排好队了。
他把椅子排成了一行。

524 **排名**　pái//míng　rank

排名第一；成绩排名
他的成绩在比赛中排名第一。
大家都很关心我的排名。

525 **牌子**　páizi　*n.*　board, plate, sign

一块牌子；广告牌子
球场周围是各种广告牌子。
那儿有块木头牌子。

526 **派**　pài

（1）*v.*　assign, dispatch
派人；派他去
公司派他去上海工作。
老师派我去办公室拿东西。
（2）*n.*　school (of thought, etc.)
两派；学派
两派意见不太一样。

我和他不是一派的。

527 **判断** pànduàn

（1）*v.* judge, tell
判断对错
你判断得很对。
听录音判断句子的对错。
（2）*n.* judgment
他的判断；错误判断
我们相信你的判断。
他对这件事的判断是错误的。

528 **胖** pàng *adj.* fat, chubby

很胖；有点儿胖
他越来越胖了。
妹妹胖胖的，很可爱。

529 **跑步** pǎo//bù run, jog

跑步比赛；跑步机
他参加了男子100米跑步比赛。
我每天早上都去跑步。
跑完步不能马上坐下休息。

530 **配** pèi

（1）*v.* find sth. to fit or replace sth. else
配颜色；配药
她每天出门都要花很长时间来配衣服的颜色。
医生给他配了几种药。
（2）*adj.* matched
很配；不配
这两种颜色很配。
他的上衣跟裤子很不配。

531 **配合** pèihé *v.* coordinate

互相配合；配合他
我们要互相配合，互相帮助。
他们几个人打球配合得很好。

532 **批评** pīpíng *v.* criticize

被批评；批评一顿
他被老师批评了一顿。
经理批评她对顾客不够热情。

533 **批准** pīzhǔn *v.* approve

批准了；没批准
经理批准他休息一个星期。
我想请半天假，领导还没批准。

534 **皮** pí *n.* skin; hide; outer wrapper

牛皮；皮鞋
这双鞋是皮的。
我去超市买点儿饺子皮。

535 **皮包** píbāo *n.* leather bag

买皮包；一个皮包
妈妈买了一个新皮包。
她的皮包真好看！

536 **啤酒** píjiǔ *n.* beer

喝啤酒；一瓶啤酒
你喝啤酒还是喝果汁？
他买了三瓶啤酒。

537 **票价** piàojià *n.* price of a ticket

票价高；票价低
这个话剧的票价有点儿高。
小孩儿的票价比大人的票价便宜得多。

538 **评价** píngjià

（1）*v.* evaluate
评价电影；及时评价
他在网上评价了这部最新的电影。
老师应该及时评价学生的学习表现。
（2）*n.* evaluation
很高的评价；正确评价
观众对这部电影的评价很高。
我同意他的评价。

539 **苹果** píngguǒ *n.* apple

红苹果；吃苹果
苹果多少钱一斤？
她每天早上都吃一个苹果。

540 **破** pò

（1）*adj.* broken
很破；破衣服
这个房子很破。
他穿着一件破衣服。
（2）*v.* break
破了；没破
我的衣服破了。
他的脸被抓破了。

◎ 速练　Quick practice

一、先根据词语写拼音，再将词语和正确的英文释义连起来
Write Pinyin according to the words, and then match the words with the correct English definitions.

1. 排名________________	A. run, jog
2. 判断________________	B. coordinate
3. 跑步________________	C. rank
4. 配合________________	D. beer
5. 批评________________	E. judge, tell; judgement
6. 皮包________________	F. evaluate; evaluation
7. 啤酒________________	G. leather bag
8. 评价________________	H. criticize

二、选择合适的词语填空　Choose the right words and fill in the blanks.

（一）　A. 怕　B. 拍　C. 排　D. 排名　E. 牌子

1. 王老师看了这次的班级成绩____情况，很满意。
2. 听声音，这辆车____是出问题了。
3. 这个小孩子还不会说话，只会____手。
4. 那个____上写着：图书馆往前走。
5. 我们要____队上车。

（二）　A. 派　B. 判断　C. 胖　D. 跑步　E. 配

1. 公司____他去北京进行市场调查。
2. 他爸爸每天早上都去____。
3. 我来中国以后，越来越____了。
4. 这个皮包跟你的衣服很____。
5. 我们现在还没办法____能不能这样做。

（三）　A. 配合　B. 批评　C. 批准　D. 皮　E. 皮包

1. 他们互相____，提前完成了工作。
2. 这双____鞋穿起来很舒服。
3. 他又来晚了，老师把他____了一顿。

4. 公司_____我休一个星期假。

5. 我昨天在商场买了一个_____。

（四） A. 啤酒 B. 票价 C. 评价 D. 苹果 E. 破

1. 这种红_____5 块钱一斤。

2. 他喝了一瓶_____。

3. 假期时，这个公园的_____会比平时贵一点儿。

4. 他的衣服很_____。

5. 在网上买衣服最好先看看别人的_____。

三、选择合适的词语完成句子 Choose the right words to complete the sentences.

1. 这台电脑今天怎么也打不开，_____是出毛病了。

A. 怕 B. 拍 C. 排 D. 派

2. 他刚接到通知，_____。

A. 他派公司去上海 B. 公司派他去上海

C. 公司派去上海他 D. 他去上海公司派

3. 他不但喜欢跑步，而且_____。

A. 跑步很快 B. 跑步得很快

C. 跑得很快 D. 很快跑步

4. 弟弟作业写得很不认真，_____。

A. 被老师批评了 B. 把老师批评了

C. 老师被批评了 D. 被老师批评

5. 我妈妈的皮包用了很多年了，已经_____了。

A. 打破 B. 用完

C. 用光 D. 用破

第 28 单元　Unit 28

◎ 目标词语　Target words

541. 破坏	542. 普遍	543. 普及	544. 期	545. 齐
546. 其次	547. 其实	548. 奇怪	549. 气候	550. 千万
551. 前后	552. 前进	553. 前面	554. 前往	555. 强
556. 强大	557. 强调	558. 强烈	559. 桥	560. 巧

◎ 速记　Quick memory

541 **破坏**　pòhuài　*v.*　destroy; violate (an agreement, a regulation, etc.)

破坏公物（gōngwù，public property）；破坏规定
请不要破坏公物。
我们的关系不会被别人破坏的。

542 **普遍**　pǔbiàn　*adj.*　universal, common

普遍现象；十分普遍
先结婚再买房子是一种普遍现象。
篮球运动在中国非常普遍。

543 **普及**　pǔjí

（1）*v.*　popularize
普及全国；普及科学知识
普通话已经普及全国。
我们要给小学生普及一些科学知识。
（2）*adj.*　popular
很普及；不太普及
手机支付在中国非常普及。
这项技术在农村还不太普及。

544 **期**　qī　*m.*　issue, term

第三期；十期
京剧班一共办了两期。
最新一期的杂志我还没买呢。

545 **齐**　qí

（1）*adj.*　neat, in order; complete
很齐；不齐
他们念课文念得很齐。
他们把桌子排得很齐。
人到齐了，开饭吧。
（2）*v.*　reach the same level
那棵树已经齐二楼高了。

她女儿的头发已经齐腰（yāo，waist）了。

546 **其次** qícì *pron.* next; secondary

他回答完问题，其次就到我了。
内容最重要，其他的都在其次。

547 **其实** qíshí *adv.* actually

这个问题看起来很难，其实不难。
大家以为他是南方人，其实他是北方人。

548 **奇怪** qíguài *adj.* strange

很奇怪；奇怪的事
海里有不少奇怪的动物。
真奇怪，他今天怎么没来上课？

549 **气候** qìhòu *n.* climate

气候正常；气候奇怪
今年冬天的气候有点儿奇怪，特别暖和。
他还不太习惯这儿的气候。

550 **千万** qiānwàn *adv.* (*used in earnest entreatment, exhortation, etc.*) must, be sure to

千万要记着带你的书。
千万别忘了明天的安排。

551 **前后** qiánhòu *n.* around (a certain time); in front and behind

春节前后；房子的前后
春节前后有很多人坐火车出行（chūxíng，set out on a journey）。
教学楼的前后停着很多车。

552 **前进** qiánjìn *v.* march on, advance

快速前进；不断前进
我们的船在大海上快速前进。
他们在风雪中没办法前进。

553 **前面** qiánmiàn *n.* in front

房子前面；前面的人
房子前面有一棵苹果树。
前面的车停下来了。

554 **前往** qiánwǎng *v.* leave for, go to

前往上海；开车前往
飞机12点起飞前往上海。
他们开车前往机场迎接客人。

555 **强** qiáng *adj.* strong, powerful

强国；能力强

今天有强风。
他的写作能力很强。

556 **强大** qiángdà *adj.* powerful

强大的国家；很强大
对手的力量很强大。
我们的国家越来越强大。

557 **强调** qiángdiào *v.* stress, emphasize

强调发音；强调重点
老师强调了考试的重点。
父母一直强调，自己的事情自己做。

558 **强烈** qiángliè *adj.* intense, strong

十分强烈；强烈反对
太阳光十分强烈。
他强烈反对坐飞机去。

559 **桥** qiáo *n.* bridge

一座桥；大桥
那座桥很长。
武汉长江大桥的建成具有特别的意义。

560 **巧** qiǎo *adj.* skilful; coincidental

手巧；很巧
她的手很巧，什么都会做。
我今天在商场遇到了李华，太巧了！

◎ 速练 Quick practice

一、先根据词语写拼音，再将词语和正确的英文释义连起来

Write Pinyin according to the words, and then match the words with the correct English definitions.

1. 破坏________________	A. universal, common
2. 普遍________________	B. destroy; violate (an agreement, a regulation, etc.)
3. 其次________________	C. strange
4. 奇怪________________	D. leave for, go to
5. 气候________________	E. next; secondary
6. 前往________________	F. intense, strong
7. 强调________________	G. climate
8. 强烈________________	H. stress, emphasize

二、选择合适的词语填空　Choose the right words and fill in the blanks.

（一）　A. 破坏　B. 普遍　C. 普及　D. 期　E. 齐

1. 5G 技术正在快速_____。
2. 不能_____公物。
3. 出国旅游现在越来越_____。
4. 人到_____了，我们开始上课。
5. 我参加了第二_____中文班。

（二）　A. 其次　B. 其实　C. 奇怪　D. 气候　E. 千万

1. 他说听懂了，_____没听懂。
2. 她说的话真_____，我不明白她的意思。
3. _____别来晚了！如果来晚了，经理一定会批评你。
4. 虽然这是他第一次来武汉，但他很快就习惯了这儿的_____。
5. 骑自行车首先可以锻炼身体，_____也可以保护环境。

（三）　A. 前后　B. 前进　C. 前面　D. 前往　E. 强

1. 我姐姐站在我_____。
2. 我们开车_____机场。
3. 宿舍_____都是树，环境很不错。
4. 雨太大了，我们的车没办法_____。
5. 他工作了很多年，经验丰富，能力很_____。

（四）　A. 强大　B. 强调　C. 强烈　D. 桥　E. 巧

1. 他是一个内心_____的人，什么也不怕。
2. 说话的时候，说话人为了_____内容很重要，常常会说得慢一些。
3. 前边有一座_____可以到河对面去。
4. 她的手很_____，有时候会给自己做衣服。
5. 父母_____反对他去留学。

三、选择合适的词语完成句子　Choose the right words to complete the sentences.

1. 普通话已经_____全国。

　A. 普遍　B. 普及　C. 普通　D. 平常

2. 我以为他已经回国了，____他一直都在学校。

A. 其实　　B. 但是　　C. 可是　　D. 其次

3. 我们今天重点学习课文，____做练习。

A. 其次　　B. 其实　　C. 其中　　D. 其他

4. 出门____记得带伞。最近天气很奇怪，一会儿晴天一会儿下雨。

A. 前后　　B. 千万　　C. 万一　　D. 其实

5. 今天是晴天，太阳光非常____。

A. 强大　　B. 强调　　C. 强烈　　D. 坚强

第29单元 Unit 29

◎ 目标词语 Target words

561. 亲	562. 亲切	563. 亲人	564. 亲自	565. 情感
566. 情况	567. 请教	568. 庆祝	569. 球迷	570. 区
571. 区别	572. 取消	573. 去世	574. 全场	575. 全面
576. 全球	577. 缺	578. 缺点	579. 缺少	580. 确保

◎ 速记 Quick memory

561 **亲** qīn *adj.* close, intimate; related by blood or marriage

很亲；不亲
他从小跟奶奶一起生活，和奶奶最亲。
她和父母一点儿也不亲。
老师对我就像对自己的亲女儿一样好。

562 **亲切** qīnqiè *adj.* cordial, kind

很亲切；亲切的人
他们虽然是第一次见面，但都觉得对方很亲切。
她说留学的地方就像家乡一样亲切。

563 **亲人** qīnrén *n.* relative

他的亲人；很多亲人
她结婚的时候，很多亲人来看她。
他家里除了母亲，没有别的亲人。

564 **亲自** qīnzì *adv.* personally, in person

亲自去；亲自做
老板亲自去进行市场调查。
这些文件很重要，你亲自来拿吧。

565 **情感** qínggǎn *n.* emotion, feeling; affection

丰富的情感；强烈的情感
读这篇课文的时候需要丰富的情感。
这是她从小生活的地方，她对这个地方有强烈的情感。

566 **情况** qíngkuàng *n.* situation

工作情况；新情况
请介绍一下儿你的工作情况。
他们的关系最近又有了新的情况。

567 **请教** qǐngjiào *v.* consult, seek advice

请教他；向他请教
我想请教您一个问题。
他一遇到困难就向别人请教。

568 **庆祝** qìngzhù *v.* celebrate

庆祝春节；庆祝成功
他为了庆祝生日打算举行晚会。
大家都通过了考试，我们应该庆祝一下儿。

569 **球迷** qiúmí *n.* (ball game) fan

一个球迷；热情的球迷
他是一个球迷，什么球都喜欢。
这个城市的球迷非常热情。

570 **区** qū *n.* area; district

风景区；教学区
这个风景区很大，一天也玩儿不完。
我住在东城区，工作单位在西城区。

571 **区别** qūbié

（1）*n.* difference
有区别；没区别
这两件衣服没什么区别。
这两个词的用法有很大的区别。
（2）*v.* distinguish
区别对待；区别一下儿
不能区别对待新老员工。
你能区别一下儿这两种材料（cáiliào，material）吗？

572 **取消** qǔxiāo *v.* cancel

取消成绩；取消会议
他的考试成绩被学校取消了。
不知道什么原因，明天的会议取消了。

573 **去世** qùshì *v.* pass away

去世了
他去世一年了。
我爷爷是前年去世的。

574 **全场** quánchǎng *n.* whole audience, full-court

全场观众；全场的人
全场观众都站起来拍手。
全场比赛结果是1∶1。

575 **全面** quánmiàn *adj.* all-round

很全面；全面发展

他的讲话很全面。
她儿子各方面全面发展，什么都做得很好。

576 **全球** quánqiú *n.* whole world

全球气温；全球经济
全球经济发展越来越好。
这里有全球最大的手机公司。

577 **缺** quē *v.* be short of, lack

缺钱；缺人
我想买部新手机，不过还缺一点儿钱。
小树缺水就长不好。

578 **缺点** quēdiǎn *n.* shortcoming

有缺点；改掉缺点
每个人都有自己的优点和缺点。
这件衣服很好看，缺点是有点儿长。

579 **缺少** quēshǎo *v.* lack

缺少人手（rénshǒu，manpower）；缺少雨水
我们缺少人手，所以工作还没有完成。
五月这个地区缺少雨水。

580 **确保** quèbǎo *v.* ensure, guarantee

确保安全；确保时间
带孩子出门一定要确保安全。
要确保所有的灯都关了再走。

◎ 速练 Quick practice

一、先根据词语写拼音，再将词语和正确的英文释义连起来

Write Pinyin according to the words, and then match the words with the correct English definitions.

1. 亲切________	A. situation
2. 亲自________	B. cordial, kind
3. 情感________	C. celebrate
4. 情况________	D. emotion, feeling; affection
5. 请教________	E. difference; distinguish
6. 庆祝________	F. personally, in person
7. 区别________	G. ensure, guarantee
8. 确保________	H. consult, seek advice

二、选择合适的词语填空 Choose the right words and fill in the blanks.

（一） A. 亲 B. 亲切 C. 亲人 D. 亲自 E. 情感

1. 他_____地跟那个孩子聊了一会儿天儿。
2. 经理打算_____去上海看看那家公司。
3. 她虽然年纪小，不过表演的时候_____非常丰富。
4. 我从小跟着爷爷奶奶一起生活，我一直都跟他们很_____。
5. 她是我们家多年的朋友，跟_____一样。

（二） A. 情况 B. 请教 C. 庆祝 D. 球迷 E. 区

1. 我想_____你一个问题。
2. 他是北京队的_____，北京队的每场比赛他都看。
3. 全家人一起_____新年的到来。
4. 我在农村生活了很多年，很了解那儿的_____。
5. 风景_____有山有水，真美！

（三） A. 区别 B. 取消 C. 去世 D. 全场 E. 缺

1. 明天的会议_____了。
2. 他爷爷是去年_____的，他非常难过。
3. 他很想去留学，但是还_____不少钱。
4. “己”“已”这两个字有什么_____？
5. 他表演的时候，_____观众都看得很认真。

（四） A. 全球 B. 全面 C. 缺点 D. 缺少 E. 确保

1. 明天的会议取消了，请_____通知到每个人。
2. 他能力很强，在工作上没什么_____。
3. 我想_____了解一下儿他的优点和缺点。
4. 花草的生长不能_____阳光和水。
5. 这件事对_____经济发展有很大的影响。

三、选择合适的词语完成句子 Choose the right words to complete the sentences.

1. 她虽然很忙，但是每次都_____去买菜给家人做饭。

A. 亲人 B. 亲自 C. 亲耳 D. 亲口

2. 我有几个问题_____。

A. 要请教您　　B. 要请教向您

C. 能请教您　　D. 可以请教您

3. 他爷爷_____。

A. 是去年去世了　　B. 是去年去世的

C. 去年是去世的　　D. 去年是去世了

4. “重视”和“重点”这两个词_____。

A. 有很大的区别　　B. 有区别很大

C. 很大地有区别　　D. 区别有很大

5. 他身体好、学习好，各方面_____发展，能力很强。

A. 全场　　B. 全体　　C. 全部　　D. 全面

第 30 单元　Unit 30

◎ 目标词语　Target words

581. 确定	582. 确实	583. 裙子	584. 群	585. 热爱
586. 热烈	587. 人才	588. 人工	589. 人类	590. 人民
591. 人民币	592. 人群	593. 人生	594. 人员	595. 认出
596. 认得	597. 认可	598. 任[1]（*v.*）	599. 任[2]（*conj.*）	600. 任何

◎ 速记　Quick memory

581 **确定**　quèdìng

（1）*adj.*　definite
确定的时间；确定的人数
我还不知道确定的时间。
请告诉我参加活动的确定人数。
（2）*v.*　determine, fix
确定时间；确定价钱
参加活动的人现在还没确定。
确定工作以后，他马上告诉了家人。

582 **确实**　quèshí

（1）*adj.*　true
情况确实；消息确实
这件事是他亲眼（qīnyǎn，with one's own eyes）看到的，情况确实。
消息确实，这下儿我们就放心了。
（2）*adv.*　really
这件事确实不是他干的。
他最近确实有很大的进步。

583 **裙子**　qúnzi　*n.*　skirt

一条裙子；穿裙子
她穿着一条白裙子。
这条裙子有点儿长。

584 **群**　qún　*m.*　group, flock

一群鱼；一群孩子
院子里有一群孩子跑来跑去。
天上飞过去一群鸟。

585 **热爱**　rè'ài　*v.*　love ardently

热爱工作；热爱生活
他非常热爱自己的工作。
我十分热爱我的国家。

586 **热烈** rèliè *adj.* warm, ardent

很热烈；热烈的掌声（zhǎngshēng，applause）
表演结束后，全场响起了热烈的掌声。
热烈欢迎新同学。

587 **人才** réncái *n.* talented person, person of ability

难得（nándé，rare）的人才；缺少人才
他是我们公司难得的人才。
她各方面都很优秀，正是我们要找的人才。

588 **人工** réngōng

（1）*n.* manual work
需要人工；人工完成
建这座大楼需要很多人工。
那条裙子是人工做的。
（2）*adj.* artificial
人工湖；人工降（jiàng，fall）雨
这儿有个人工湖。
最近很少下雨，只能想办法人工降雨。

589 **人类** rénlèi *n.* mankind

人类社会；服务全人类
他很关心人类社会的发展。
互联网服务全人类。

590 **人民** rénmín *n.* people

为人民服务。
人民是国家的主人。

591 **人民币** rénmínbì *n.* Renminbi (RMB)

用美元换人民币。
我们用人民币买东西。

592 **人群** rénqún *n.* crowd

在人群里；人群中
他在人群里挤（jǐ，squeeze）来挤去。
我在人群中一眼就看到了她。

593 **人生** rénshēng *n.* life

人生大事；精彩的人生
父母非常关心她的人生大事。
这部电影介绍了那位作家精彩的人生。

594 **人员** rényuán *n.* personnel

工作人员；相关人员
工作人员带着我走进会议室。
请相关人员参加这个会议。

595 **认出** rènchū recognize

认出这个字；认出老师
他在人群中认出了自己的老师。
虽然她变化很大，但我还是认出她了。

596 **认得** rènde *v.* know

不认得；认得他
他不认得这种花。
我认得这个人。

597 **认可** rènkě *v.* accept, approve

认可他；很认可
这篇文章老师们都很认可。
大家都认可这个方法。

598 **任** [1] rèn *v.* appoint; assume a post

被任为……；任校长
他被任为公司的经理。
他到我们学校任校长。

599 **任** [2] rèn *conj.* no matter (how, what, etc.)

任谁也不能破坏公物。
任他怎么说，我们也不信。

600 **任何** rènhé *pron.* any, whatever

任何人；任何时间
你任何时间都可以联系我。
我们不怕任何困难。

◎ 速练 Quick practice

一、先根据词语写拼音，再将词语和正确的英文释义连起来
Write Pinyin according to the words, and then match the words with the correct English definitions.

1. 确定______________	A. crowd
2. 裙子______________	B. love ardently
3. 热爱______________	C. skirt
4. 人才______________	D. definite; determine, fix
5. 人群______________	E. talented person, person of ability
6. 人员______________	F. accept, approve
7. 认可______________	G. any, whatever
8. 任何______________	H. personnel

二、选择合适的词语填空 Choose the right words and fill in the blanks.

（一） A. 确定 B. 确实 C. 裙子 D. 群 E. 热爱

1. 我____没听说过这件事。
2. 她今天穿了一条新____。
3. 那____鱼颜色很漂亮。
4. 我十分____自己的工作。
5. 会议的时间还没有____。

（二） A. 热烈 B. 人才 C. 人工 D. 人类 E. 人民

1. 他是我们公司十分重要的____。
2. 大家____欢迎王校长讲话。
3. 我们的工作是为当地的____服务。
4. 语言是____最重要的交流工具。
5. 这个门不是自动的，要____开和关。

（三） A. 人民币 B. 人群 C. 人生 D. 任 E. 认出

1. 我想把美元换成____。
2. 他在____里挤来挤去。
3. 我没____那个人是谁。
4. 每个人都想有一个精彩的____。
5. ____谁也不能酒后开车！

（四） A. 认得 B. 人员 C. 认可 D. 任 E. 任何

1. 他提的建议得到了大家的____。
2. 你____这种花吗?
3. 工作____都很热情。
4. 他是我们学校的新____校长。
5. ____困难我们都能克服。

三、选择合适的词语完成句子 Choose the right words to complete the sentences.

1. 那____马有十几匹。

A. 只 B. 条 C. 群 D. 匹

2. 他妹妹穿着_____。

A. 新一条红裙子 B. 一条红色的新裙子

C. 一条新的红色的裙子 D. 红色的一条新裙子

3. 他去中国银行_____。

A. 把美元换好人民币 B. 换美元人民币

C. 换美元成人民币 D. 把美元换成人民币

4. 大家都很_____他的能力。

A. 认可 B. 认得 C. 认出 D. 认识

5. _____谁也不能乱动这里的东西！

A. 任何 B. 任 C. 所有 D. 全部

第 31 单元　Unit 31

◎ 目标词语　Target words

601. 任务	602. 仍	603. 仍然	604. 日常	605. 容易
606. 如何	607. 散步	608. 沙发	609. 沙子	610. 伤
611. 伤心	612. 商品	613. 商业	614. 上来	615. 上面
616. 上去	617. 上升	618. 上衣	619. 设备	620. 设计

◎ 速记　Quick memory

601 **任务**　rènwu　*n.*　task

完成任务；一项任务
他们已经提前完成了今年的任务。
他有一项新任务要完成。

602 **仍**　réng　*adv.*　still, yet

她的病仍不见好。
今天有雨，明天仍有雨。

603 **仍然**　réngrán　*adv.*　still, yet

这个问题仍然没有解决。
老师又讲了一遍，他仍然没听懂。

604 **日常**　rìcháng　*adj.*　daily

日常工作；日常生活
给学生上课是我的日常工作。
这些都是日常生活要用的东西。

605 **容易**　róngyì　*adj.*　easy; likely

很容易；不容易
说起来容易，做起来难。
你穿这么少，容易感冒。

606 **如何**　rúhé　*pron.*　how

那个人的性格如何？
这件事应该如何解决？

607 **散步**　sàn//bù　go for a walk

散散步；散一会儿步
休息时，他常去海边散步。
吃完晚饭，我在公园里散了一会儿步。

608 **沙发** shāfā *n.* sofa

新沙发；搬沙发
我买了一套新沙发。
他们把沙发搬到房间里了。

609 **沙子** shāzi *n.* sand

一把沙子；玩儿沙子
我儿子很喜欢在海边玩儿沙子。
沙子飞进眼睛里了。

610 **伤** shāng

（1）*v.* hurt, injure
伤感情；伤人
她做的事情太伤人了。
他骑车摔倒（shuāidǎo，fall）了，伤了左腿。
（2）*n.* wound, injury
受伤；轻伤
我不小心受伤了。
这点儿伤不算什么。

611 **伤心** shāng//xīn sad

伤心事；很伤心
一说起以前的伤心事，她就哭。
他爷爷去世了，他很伤心。

612 **商品** shāngpǐn *n.* commodity

买卖商品；新商品
这些商品在别的地方买不到。
他把中国的商品卖到别的国家去。

613 **商业** shāngyè *n.* business

工业和商业；商业发展
工业、商业、农业对任何一个国家来说都很重要。
这里的商业发展得越来越好。

614 **上来** shàng// · lái come up

快上来看看我的房间。
他在楼下看书，一直没上来。

615 **上面** shàngmiàn *n.* on, above

桌子上面；书上面
书上面有两个本子。
小河上面有一座桥。

616 **上去** shàng// · qù go up

你在下面等他，我先上去。
我们坐电梯（diàntī，elevator）上去。

617 **上升** shàngshēng *v.* go up, rise

气温上升；慢慢上升
最近气温上升，越来越暖和了。
电梯一直在上升，很快到了19层。

618 **上衣** shàngyī *n.* jacket

一件上衣；穿上上衣
带一件上衣吧，外边有点儿冷。
他穿上上衣走出去了。

619 **设备** shèbèi *n.* equipment

新设备；买设备
新设备还没买回来。
这些设备很好用。

620 **设计** shèjì

（1）*v.* design
设计师；设计房间
他是一位设计师。
她亲自设计孩子的房间。
（2）*n.* design
一项新设计；他的设计
这两项设计已经完成了。
他的设计有点儿奇怪。

◎ 速练 Quick practice

一、先根据词语写拼音，再将词语和正确的英文释义连起来
Write Pinyin according to the words, and then match the words with the correct English definitions.

1. 任务 ________ A. commodity
2. 仍然 ________ B. go for a walk
3. 日常 ________ C. equipment
4. 容易 ________ D. daily
5. 散步 ________ E. easy; likely
6. 伤心 ________ F. still, yet
7. 商品 ________ G. task
8. 设备 ________ H. sad

二、选择合适的词语填空 Choose the right words and fill in the blanks.

（一） A. 任务 B. 仍 C. 日常 D. 容易 E. 如何

1. 我不知道应该____告诉他这个坏消息。
2. 他已经完成这项____了。
3. 只要认真学，中文很____，一点儿也不难。
4. 我忘不了她，她____是我的最爱。
5. 这些都是我的____工作。

（二） A. 仍然 B. 散步 C. 沙发 D. 沙子 E. 伤

1. 吃完晚饭以后，我想去楼下____。
2. 他在____上坐着看电视。
3. 海边的____很干净。
4. 明天的天气____不太好。
5. 他被人打____了，现在在医院呢。

（三） A. 伤心 B. 商品 C. 商业 D. 上来 E. 上面

1. 这次考试没考好，她很____。
2. 南方城市的____发展得不错。
3. 快____吧，这儿的风景很美！
4. 超市的____种类很多。
5. 电脑____放着一个杯子。

（四） A. 上去 B. 上升 C. 上衣 D. 设备 E. 设计

1. 你先____吧，我在楼下等他。
2. 我打算买一件红色的____。
3. 他们公司买了一些新____。
4. 他哥哥是一位____师。
5. 她去年的成绩不太好，今年已经____到全班第一了。

三、选择合适的词语完成句子 Choose the right words to complete the sentences.

1. 课文录音我已经听了两遍了，但我____没听懂。

A. 仍然 B. 当然 C. 果然 D. 忽然

2. 他每天吃完晚饭都会____。

A. 散步一会儿　　B. 散散一会儿步

C. 散散步一会儿　　D. 散一会儿步

3. A：他怎么了？

B：____。

A. 他爷爷去世的消息让他很伤心　　B. 他很伤心他爷爷去世

C. 他爷爷去世的消息把他很伤心　　D. 他爷爷去世的消息被他很伤心

4. A：你的朋友在楼上叫你呢。

B：我听见了，我马上____。

A. 上来　　B. 上去　　C. 下来　　D. 下去

5. 我在楼上看见我的朋友在楼下，我让他快点儿____。

A. 下来　　B. 上去　　C. 上来　　D. 下去

第32单元　Unit 32

◎ 目标词语　Target words

621. 设立	622. 社会	623. 身份证	624. 深	625. 深刻
626. 深入	627. 升	628. 生	629. 生产	630. 生存
631. 生动	632. 生命	633. 生意	634. 生长	635. 声明
636. 胜	637. 胜利	638. 失去	639. 石头	640. 石油

◎ 速记　Quick memory

621 **设立**　shèlì　*v.*　establish, set up

设立分公司；刚设立
这个新区设立了学校、医院和地铁站。
李老师在我们班设立了几个学习小组。

622 **社会**　shèhuì　*n.*　society

人类社会；社会活动
人类社会需要交流合作。
他总是积极参加各种社会活动。

623 **身份证**　shēnfènzhèng　*n.*　identity card

一张身份证；带身份证
请拿好自己的身份证。
买火车票需要身份证号。

624 **深**　shēn　*adj.*　deep; close, intimate

水深；很深
这条河很深，你不能下去。
他们的感情很深。

625 **深刻**　shēnkè　*adj.*　deep, profound

深刻的批评；内容深刻
这篇文章内容很深刻。
他的表现让人印象深刻。

626 **深入**　shēnrù

（1）*v.*　go deep into
深入实际；深入社会
只有深入实际，才能发现真实情况。
调查工作要深入社会。
（2）*adj.*　in-depth, thorough
深入地讨论；深入了解
我们还有机会进行深入讨论。

他的调查报告很深入。

627 **升** shēng *v.* rise

升起来
太阳已经升起来了。
这两天一直在下雨，河水水位升高了许多。

628 **生** shēng *adj.* unripe; raw

生瓜；生吃
这香蕉有点儿生，不太好吃。
米饭还没做好，是生的。

629 **生产** shēngchǎn *v.* produce

生产商品；发展生产
我们要生产出更多更好的商品。
世界上最大的咖啡生产国是哪个国家？

630 **生存** shēngcún *v.* live, survive

能生存；生存环境
没有空气和水，人就无法生存。
他十分关心人类生存环境改变的问题。

631 **生动** shēngdòng *adj.* vivid, lively

生动的语言；十分生动
他的表演十分生动。
这本小说的语言非常生动。

632 **生命** shēngmìng *n.* life

生命的价值；有生命
生命多么美好啊！
学习古人文学作品中有生命的内容。

633 **生意** shēngyi *n.* business

做生意；好生意
他爸爸是做生意的。
好几个城市都有他们的生意。

634 **生长** shēngzhǎng *v.* grow

生长期；花草生长
他生长在北京。
一下雨，这种草就生长得很快。

635 **声明** shēngmíng

（1）*v.* declare
口头（kǒutóu，oral）声明；公开声明
公司公开声明不和他继续合作。
他在网上声明跟这件事没有关系。

（2）*n.* declaration
一份声明；合作声明
他们发表了一份合作声明。
这份声明引起了大家的注意。

636 **胜** shèng *v.* win victory over (sb. or sth.), defeat

大胜；连胜
我们队大胜了他们队。
他们连胜了好几场比赛。

637 **胜利** shènglì

（1）*v.* win
胜利结束
会议胜利结束。
我们的生产任务胜利完成。
（2）*n.* victory
他们唱歌跳舞庆祝胜利。
球队的胜利让大家非常高兴。

638 **失去** shīqù *v.* lose

失去工作；失去生命
他失去了那份工作，非常伤心。
这场大雨让十几个人失去了生命。

639 **石头** shítou *n.* stone

一块石头；大石头
海边有很多小石头。
一块大石头飞进了窗户。

640 **石油** shíyóu *n.* petroleum

生产石油；石油市场
我们可以生产更多的石油。
石油的价格一直在变化。

◎ 速练 Quick practice

一、先根据词语写拼音，再将词语和正确的英文释义连起来
Write Pinyin according to the words, and then match the words with the correct English definitions.

1. 设立 ______	A. vivid, lively
2. 社会 ______	B. deep, profound
3. 深刻 ______	C. produce
4. 生产 ______	D. business
5. 生动 ______	E. petroleum
6. 生意 ______	F. establish, set up
7. 胜利 ______	G. society
8. 石油 ______	H. win; victory

二、选择合适的词语填空 Choose the right words and fill in the blanks.

（一） A. 设立 B. 社会 C. 身份证 D. 深 E. 深刻

1. 公司的这个部门是去年刚____的。
2. 请把你的____拿出来。
3. 语言是人类____的重要交流工具。
4. 他的那篇文章内容很____。
5. 她喜欢穿____色的衣服。

（二） A. 深入 B. 升 C. 生 D. 生产 E. 生存

1. 我们想____了解一下儿工作的开展情况。
2. 太阳已经____起来了。
3. 这条鱼还是____的，不能吃。
4. 没有阳光和水，花草无法____。
5. 这家公司____的商品很便宜。

（三） A. 生动 B. 生命 C. 生意 D. 生长 E. 胜

1. 他学中文是为了跟中国人做____。
2. 春天是万物____的季节（jìjié，season）。
3. 昨天的比赛我们____了。
4. 这本小说的语言非常____。
5. 他对地球上所有的____都充满好奇。

（四） A. 声明 B. 胜利 C. 失去 D. 石头 E. 石油

1. 这份____说他跟这件事没关系。
2. 他们取得了比赛的____。
3. 他把路上的一块____踢走了。
4. 那个国家生产了很多____。
5. 我不想____你这个朋友。

三、选择合适的词语完成句子 Choose the right words to complete the sentences.

1. 这篇文章的内容非常____。

   A. 深刻 B. 深色 C. 强大 D. 强烈

2. 这条裙子的颜色____，我想试试别的裙子。

A. 深一点儿了　　B. 有点儿深　　C. 深深　　D. 深刻

3. 如果没有水，鱼儿没办法____。

A. 生存　　B. 生动　　C. 生命　　D. 生意

4. 春天天气越来越暖和，花草树木____。

A. 生长地很快　　B. 生长的很快　　C. 生长得很快　　D. 生长的快

5. 他们非常努力才取得了这场比赛的____。

A. 胜　　B. 生意　　C. 生命　　D. 胜利

第 33 单元　Unit 33

◎ 目标词语　Target words

641. 时	642. 时代	643. 时刻	644. 实际上	645. 实力
646. 实行	647. 实验	648. 实验室	649. 食品	650. 使
651. 始终	652. 世纪	653. 世界	654. 世界杯	655. 市场
656. 事故	657. 事件	658. 事实	659. 事实上	660. 事业

◎ 速记　Quick memory

641 **时**　shí　*n.*　time

上课时；来时
上课时要认真听。
你来时给我打个电话吧。

642 **时代**　shídài　*n.*　times, age

新时代；青少年时代
时代变了，我们也要跟着变。
我们生活在科学技术快速发展的时代。

643 **时刻**　shíkè

（1）*n.*　moment
胜利的时刻；快乐的时刻
比赛胜利的时刻，他高兴得哭了。
你手机里有火车时刻表吗？
（2）*adv.*　constantly, always
时刻准备；时刻不忘
开车一定要时刻注意安全。
他时刻不忘完成自己的任务。

644 **实际上**　shíjì·shàng　*adv.*　actually

她说听懂了，实际上并没听懂。
王老师看起来二十四五岁，实际上已经三十多岁了。

645 **实力**　shílì　*n.*　strength, power

经济实力；实力强大
房子虽然贵，不过他有经济实力，买得起。
这两个球队实力差不多。

646 **实行**　shíxíng　*v.*　put into practice, implement, carry out

实行计划；实行新的时刻表
这种方法今年在国内开始实行。
我们在机场实行了全面的安全检查。

647 **实验** shíyàn

（1）*v.* test
进行实验；实验一下儿
我们需要深入进行实验研究。
你可以按他说的方法实验一下儿。
（2）*n.* experiment
做实验；科学实验
他每天都要做实验。
做科学实验需要认真和不断重复。

648 **实验室** shíyànshì *n.* laboratory

一间实验室；在实验室
他每天都在实验室做实验。
要注意实验室的安全管理。

649 **食品** shípǐn *n.* food

买食品；食品安全
她去超市买了很多食品。
我们时刻关注食品安全问题。

650 **使** shǐ *v.* make, cause

他的话使我们很高兴。
这个坏消息使他很伤心。

651 **始终** shǐzhōng *adv.* from beginning to end

我始终没见到他。
他始终没明白我的意思。

652 **世纪** shìjì *n.* century

21世纪；半个世纪
那家饭馆已经有半个世纪的历史了。
这种情况是在20世纪出现的。

653 **世界** shìjiè *n.* world

世界地图；全世界
墙上有一张世界地图。
全世界的人都受到了影响。

654 **世界杯** shìjièbēi *n.* World Cup

参加世界杯；世界杯足球赛
世界杯足球赛非常精彩。
我们国家打进了世界杯决赛。

655 **市场** shìchǎng *n.* market

水果市场；菜市场
她去水果市场买了苹果。
这种商品在国内市场也可以买到。

656 **事故** shìgù *n.* accident

工作事故；交通事故
那起交通事故是酒后开车造成的。
他在工作中出了一次大事故。

657 **事件** shìjiàn *n.* event

国际事件；一起事件
那起国际事件引起了大家的关注。
这是21世纪以来的一起大事件。

658 **事实** shìshí *n.* fact

事实情况；相信事实
这是没办法改变的事实。
事实告诉我们，早睡早起是好习惯。

659 **事实上** shìshíshang in fact

他没有不及格（jí//gé，pass a test），事实上，他考得很好。
我们都以为她有孩子了，事实上，她还没有结婚。

660 **事业** shìyè *n.* cause, undertaking

事业心；发展事业
她很有事业心。
他的事业最近几年发展得不错。

◎ 速练 Quick practice

一、先根据词语写拼音，再将词语和正确的英文释义连起来

Write Pinyin according to the words, and then match the words with the correct English definitions.

1. 时代 ________	A. moment; constantly, always
2. 时刻 ________	B. times, age
3. 实力 ________	C. food
4. 实验 ________	D. world
5. 食品 ________	E. test; experiment
6. 始终 ________	F. strength, power
7. 世界 ________	G. event
8. 事件 ________	H. from beginning to end

二、选择合适的词语填空 Choose the right words and fill in the blanks.

（一） A. 时 B. 时代 C. 时刻 D. 实际上 E. 实力

1. 他写作业____喜欢听音乐。

2. 他说听懂了，____没懂。

3. 她____准备着上台表演。

4. ____变了，我们可以用手机做很多事情。

5. 那家公司的经济____越来越强大了。

（二） A. 实行 B. 实验 C. 实验室 D. 食品 E. 使

1. 他在____工作 10 个小时了。

2. 科学课老师带我们做了一个很有意思的小____。

3. 5 月 1 号以后____新的班车时刻表。

4. 这些____非常健康，对身体有好处。

5. 她的话____我非常伤心。

（三） A. 始终 B. 世纪 C. 世界 D. 世界杯 E. 市场

1. 父母____没有告诉他这件事。

2. 足球迷都爱看____足球赛。

3. 这个老房子有一个____的历史。

4. 我去菜____了。

5. 教室的墙上有一张____地图。

（四） A. 事故 B. 事件 C. 事实 D. 事实上 E. 事业

1. 前边发生了一起严重的交通____。

2. ____证明，爱好是最好的老师。

3. 他的____发展得很不错。

4. 她还没结婚，____，连男朋友也没有。

5. 这个国际____影响了全球。

三、选择合适的词语完成句子 Choose the right words to complete the sentences.

1. 比赛赢了是我们最高兴的____。

A. 当时 B. 时代 C. 时刻 D. 时间

2. 大家都说他是日本人，____他是韩国人。

A. 实际上 B. 事实 C. 实力 D. 实行

3. 他是个科学家，几乎（jīhū，almost）每天都在做____。

A. 实验　　B. 实验室　　C. 实行　　D. 实现

4. 这个坏消息____她很伤心。

A. 把　　B. 被　　C. 是　　D. 使

5. 他不小心在工作中发生了____。

A. 事故　　B. 故事　　C. 事件　　D. 从事

第34单元 Unit 34

◎ 目标词语 Target words

661. 试题	662. 试验	663. 适合	664. 适应	665. 适用
666. 室	667. 收费	668. 收看	669. 收听	670. 收音机
671. 手续	672. 手指	673. 首都	674. 首先	675. 受
676. 受伤	677. 书架	678. 输	679. 输入	680. 熟人

◎ 速记 Quick memory

661 **试题** shìtí *n.* test questions

HSK试题；考试试题
不要把考试试题告诉任何人。
今天的试题不多，不过有点儿难。

662 **试验** shìyàn *v.* test

完成试验；试验结果
他们已经完成了试验。
我们还不知道试验的结果。

663 **适合** shìhé *v.* suit, fit

适合老人；适合跑步
这儿的气候很适合老人来住。
这种鞋不太适合跑步。

664 **适应** shìyìng *v.* adapt

适应气候；适应环境
他刚来这儿，还不太适应这儿的气候。
我很快就适应了这儿的环境。

665 **适用** shìyòng *adj.* applicable, suitable

不适用；适用范围
这些规定目前已经不适用了。
这种管理方法在我们公司完全适用。

666 **室** shì *n.* room

室内；会议室
休息室里非常安静。
自习室里有不少学生。

667 **收费** shōufèi *v.* charge

不收费；高收费

这项服务不收费。
这里的停车场每小时收费8块钱。

668 **收看** shōukàn *v.* watch (TV)

收看节目；收看新闻
欢迎收看我们的节目。
9月1日晚上，中小学生要收看《开学第一课》节目。

669 **收听** shōutīng *v.* listen in

收听音乐；收听广播
他在收听本地新闻。
每天7点半我都收听这个节目。

670 **收音机** shōuyīnjī *n.* radio

听收音机；一台收音机
他用收音机收听京剧。
这台收音机是同屋送给我的。

671 **手续** shǒuxù *n.* procedure

办手续；手续费
我要去交手续费。
他的出国手续已经办好了。

672 **手指** shǒuzhǐ *n.* finger

五根（gēn，*a measure word for slender things*）手指；用手指
她的手指很长。
我的手指动不了了。

673 **首都** shǒudū *n.* capital

中国的首都是北京。
他去过大多数国家的首都。

674 **首先** shǒuxiān *adv.* first

首先……其次……
首先学习生词，其次学习课文。
你别买这件衣服，首先不便宜，其次不好看。
你首先应该认识到自己的错误。

675 **受** shòu *v.* accept; suffer; put up with

受教育；受到批评；受不了（shòubuliǎo，cannot bear sth.）
他今天受到批评了。
她每次都来得很晚，我们都受不了了。

676 **受伤** shòu//shāng be injured

手指受伤；受重伤
他手指受伤了。
这次事故中有5个人受伤。

我只是受了点儿小伤，没关系。

677 **书架** shūjià *n.* bookshelf

一排书架；书架上
他把书放在书架上了。
书架上放着几本中文书。

678 **输** shū *v.* lose (in a match, game, etc.)

输球；输了
比赛中他们输了三个球。
昨天的比赛我们输了。

679 **输入** shūrù *v.* input

输入密码（mìmǎ，password）；输入身份证号
要先输入密码才能打开电脑。
请在这儿输入身份证号。

680 **熟人** shúrén *n.* acquaintance

一个熟人；有熟人
有熟人帮助他解决了问题。
我第一次来这个国家，在这儿没有熟人。

◎ 速练 Quick practice

一、先根据词语写拼音，再将词语和正确的英文释义连起来
Write Pinyin according to the words, and then match the words with the correct English definitions.

1. 试题 ____________	A. test
2. 试验 ____________	B. finger
3. 适应 ____________	C. watch (TV)
4. 收费 ____________	D. adapt
5. 收看 ____________	E. charge
6. 手续 ____________	F. bookshelf
7. 手指 ____________	G. test questions
8. 书架 ____________	H. procedure

二、选择合适的词语填空 Choose the right words and fill in the blanks.

（一） A. 试题 B. 试验 C. 适合 D. 适应 E. 适用

1. 昨天的____终于成功了。
2. 这次考试的____不太难。

3. 这条黑裙子很____你。

4. 1 月 1 日以后，这些规定已经不____了。

5. 他很快就____了在中国的留学生活。

（二） A. 室 B. 收费 C. 收看 D. 手续 E. 收音机

1. 天气太热了，不适合在____外活动。

2. 这个地方按小时____，每个小时 5 块钱。

3. 欢迎朋友们____我们的节目。

4. 这台____是爸爸 20 年前送给我的礼物。

5. 我朋友的出国____已经办好了。

（三） A. 收听 B. 手指 C. 首都 D. 首先 E. 受

1. 我用收音机____音乐。

2. 他的____受伤了。

3. 我还没去过中国的____北京。

4. 太热了，我热得____不了了。

5. ____，请马校长讲话。

（四） A. 受伤 B. 书架 C. 输 D. 输入 E. 熟人

1. ____上放着几本中文书。

2. 昨天的比赛我们 0 : 2____了。

3. 他在事故中____了____。

4. 请在这台电脑上____你的名字和电话号。

5. 他不是我的____，我不认识他。

三、选择合适的词语完成句子 Choose the right words to complete the sentences.

1. 这条裤子非常____你穿。

A. 适合 B. 适应 C. 适用 D. 合适

2. 他不太____南方的气候，常常生病。

A. 适合 B. 适应 C. 适用 D. 合适

3. 我喜欢用收音机____新闻。

A. 收看 B. 收到 C. 收费 D. 收听

4. 他今天很难过，因为____。

A. 他受到批评了　　B. 受到他批评了

C. 受到批评他了　　D. 把他批评了

5. 请帮我把书____。

A. 在左边的书架上放　　B. 在左边的书架上放了

C. 放在左边的书架上　　D. 放在左边的书架

第 35 单元　Unit 35

◎ 目标词语　Target words

681. 属	682. 属于	683. 束	684. 数量	685. 双
686. 双方	687. 思想	688. 死	689. 速度	690. 随
691. 所	692. 所长	693. 台	694. 谈	695. 谈话
696. 谈判	697. 汤	698. 糖	699. 特色	700. 提前

◎ 速记　Quick memory

681 **属**　shǔ　*v.*　be born in the year of (one of the twelve Chinese zodiac animals)

属牛；属羊
他2009年出生的，属牛。
你属什么？

682 **属于**　shǔyú　*v.*　belong to

属于我；不属于
胜利属于我们。
这家医院属于北京大学。

683 **束**　shù　*m.*　bunch, bundle

一束花；一束草
我买了一束花。
他送给女朋友一束花。

684 **数量**　shùliàng　*n.*　quantity

数量多；门票的数量
门票的数量只有1000张。
这个城市出租车的数量越来越多。

685 **双**　shuāng

（1）*m.*　pair
一双鞋；一双手
这双皮鞋穿着很舒服。
请给我三双筷子。
（2）*adj.*　both, dual
双手；双人
他用双手创造了新纪录。
这是个双人游戏。

686 **双方**　shuāngfāng　*n.*　both sides

男女双方；比赛双方

比赛双方的球迷吵了起来。
他们双方看法相同。

687 **思想** sīxiǎng *n.* thought, idea

有思想；正确思想
他虽然年纪小，但是很有思想。
读书可以让我们深入了解作者的思想。

688 **死** sǐ

（1）*v.* die
死了；病死
这棵树死了。
他的小狗病得很严重，快要死了。
（2）*adj.* extreme
饿死；渴死
我昨天晚上复习到半夜，考试的时候困死了。
他连周末都在上班，快累死了。

689 **速度** sùdù *n.* speed

火车的速度；速度慢
火车的速度越来越快。
李老师说话的速度比较慢。

690 **随** suí *v.* let (sb. do as he likes); along with

随你；随手（suíshǒu，do sth. without extra trouble）
去不去随你。
他随手把门关上了。

691 **所** suǒ

（1）*n.* place; institute
住所；研究（yánjiū，research）所
这里是他的住所。
他在研究所上班。
（2）*m.* *a measure word for houses, schools, etc.*
一所医院；两所学校
他家附近有一所医院。
那两所学校都不错。

692 **所长** suǒzhǎng *n.* director of an institute

研究所所长；当所长
他是新来的所长。
所长告诉我们一个好消息。

693 **台** tái

（1）*n.* platform, stage
讲台；舞台
站在讲台上的那个人就是王老师。

他们第一次在这么大的舞台上表演。
（2）*m.*　*a measure word for certain machines, apparatuses, etc.*
一台电视；一台收音机
他把那台电视放在客厅里了。
那台收音机有30年的历史了。

694 **谈**　tán　*v.*　talk

面谈；谈爱好
他们谈得很开心。
李老师请大家谈谈自己的爱好。

695 **谈话**　tán//huà　talk, converse

跟他谈话；谈话时
我们和爸爸谈话时，妈妈正忙着做饭呢。
他们在房间里谈了一会儿话，然后就一起出去了。

696 **谈判**　tánpàn

（1）*v.*　negotiate
和平谈判；进行谈判
双方正在进行谈判。
谈判了一个月还没有结果。
（2）*n.*　negotiation
重要的谈判；最后的谈判
双方的谈判失败了。
明天的谈判非常重要，大家要认真准备。

697 **汤**　tāng　*n.*　soup

一碗汤；喝汤
我想喝鸡蛋汤。
这鱼汤味道很好。

698 **糖**　táng　*n.*　sugar, candy

一块糖；水果糖
牛奶糖很好吃。
我喝咖啡不放糖。

699 **特色**　tèsè　*n.*　characteristic

有特色；个人特色
京剧表演很有特色。
他们穿的衣服各有特色。

700 **提前**　tíqián　*v.*　in advance

提前完成；提前出发
我们提前完成了任务。
会议的时间提前了。

◎ 速练　Quick practice

一、先根据词语写拼音，再将词语和正确的英文释义连起来

Write Pinyin according to the words, and then match the words with the correct English definitions.

1. 属于 ____________	A. speed
2. 数量 ____________	B. belong to
3. 双方 ____________	C. negotiate; negotiation
4. 思想 ____________	D. in advance
5. 速度 ____________	E. thought, idea
6. 谈话 ____________	F. both sides
7. 谈判 ____________	G. talk, converse
8. 提前 ____________	H. quantity

二、选择合适的词语填空　Choose the right words and fill in the blanks.

（一）　A. 属　B. 属于　C. 束　D. 数量　E. 双

1. 这家饭店____他们家。

2. 她是 1994 年出生的，____狗。

3. 我买了一____花。

4. 这家小超市商品的____挺多的。

5. 这____皮鞋很适合你。

（二）　A. 双方　B. 思想　C. 死　D. 速度　E. 随

1. 比赛____都已经做好了准备。

2. 那棵树____了。

3. 他走路的____很快，我跟不上他。

4. 孔子是中国的____家、教育家。

5. 请____手关灯。

（三）　A. 所　B. 所长　C. 台　D. 谈　E. 谈判

1. 他是新来的____，很有能力。

2. 这____大学有一万多名学生。

3. 我和他____得很开心。

4. 经过了一个星期的____才解决问题。

5. 我想去商场买____新电视机。

（四） A. 谈话 B. 汤 C. 糖 D. 特色 E. 提前

1. 我听了他们的____，很有意思。

2. 孩子都喜欢吃____，可是____吃多了不好。

3. 这个公园很有____。

4. 我吃了一碗米饭，喝了一碗____。

5. 我们____半个月完成了任务。

三、选择合适的词语完成句子 Choose the right words to complete the sentences.

1. 他拿着一____花去机场接女朋友。

A. 束 B. 双 C. 所 D. 台

2. 我妈妈今天去商场买了一____皮鞋。

A. 束 B. 双 C. 所 D. 台

3. 这两家公司为了深入合作____了很长时间。

A. 谈话 B. 谈判 C. 谈谈 D. 商量

4. 他们____就分开了。

A. 谈话了一会儿 B. 谈一会儿话了

C. 谈话一会儿了 D. 谈了一会儿话

5. 今天经理说我们干得不错，因为我们____。

A. 完成了任务提前 B. 完成任务提前了

C. 提前完成了任务 D. 提前任务完成了

第 36 单元　Unit 36

◎ 目标词语　Target words

701. 提问	702. 题目	703. 体会	704. 体现	705. 体验
706. 天空	707. 甜	708. 调	709. 调整	710. 跳
711. 跳高	712. 跳舞	713. 跳远	714. 铁	715. 铁路
716. 听力	717. 听众	718. 停止	719. 通常	720. 通信

◎ 速记　Quick memory

701 **提问**　tíwèn　*v.*　ask a question

提问学生；爱提问
老师提问了他两次。
有问题的同学可以举手向老师提问。

702 **题目**　tímù　*n.*　title; exercise problem

文章题目；练习题目
这篇文章的题目真有意思。
今天考试的题目有点儿难。

703 **体会**　tǐhuì

（1）*v.*　learn from experience
我体会到了生活的不容易。
他体会到了身体健康带来的好处。
（2）*n.*　experience
个人的体会；我的体会
她的体会很深刻。
我想谈谈我参加比赛的体会。

704 **体现**　tǐxiàn　*v.*　reflect, embody

体现出来；体现了
这部电影体现了父母对孩子的爱。
你的行为能体现你的性格。

705 **体验**　tǐyàn　*v.*　learn through personal experience, experience

体验生活；亲自体验
他想出去旅游，体验一下儿生活。
有了孩子以后，她才体验到做父母的不容易。

706 **天空**　tiānkōng　*n.*　sky

蓝蓝的天空；在天空中
飞机升上了天空。

天空飞过一只小鸟。

707 **甜** tián *adj.* sweet

很甜；有点儿甜
这苹果真甜！
妈妈给我的水果糖非常甜。

708 **调** tiáo *v.* suit well

调味；调音
菜里加点儿糖调一下儿味。
他在给钢琴调音。

709 **调整** tiáozhěng *v.* adjust

调整价钱；调整时间
时间紧张，他调整了工作安排。
快要开学了，我要调整调整作息时间。

710 **跳** tiào *v.* jump

跳起来；跳一下儿
他高兴得跳了起来。
她往前跳了几下儿。

711 **跳高** tiàogāo *v.* high jump

跳高比赛；跳高时
报名参加跳高比赛的人很多。
她跳高时试跳了几次才跳过去。

712 **跳舞** tiào//wǔ dance

会跳舞；学跳舞；跳了一会儿舞
她正跟着音乐跳舞呢。
他跳舞跳得很不错。

713 **跳远** tiàoyuǎn *v.* long jump

跳远比赛；跳远纪录
我参加了跳远比赛。
她是一个跳远运动员（yùndòngyuán，athlete）。

714 **铁** tiě *n.* iron

一块铁
你用过铁筷子吗？
这个长椅是铁做的。

715 **铁路** tiělù *n.* railway

建铁路；一条铁路
这条铁路是去年通车［tōng//chē，(of a railway or highway) be open to traffic］的。
他在铁路上工作。

716 **听力** tīnglì *n.* listening

听力课；听力考试
我们每个星期有四节听力课。
他听力考试考得不错。

717 **听众** tīngzhòng *n.* audience

广播听众；年轻的听众
听众朋友们，晚上好。
她的音乐受到很多听众的喜爱。

718 **停止** tíngzhǐ *v.* stop

停止工作；停止谈话
我走近时，他们马上停止了谈话。
考试时间到了，请大家停止答题。

719 **通常** tōngcháng

（1）*adj.* common, usual
通常的情况；通常的方法
通常的情况是一到1月就会下雪。
解决这种事通常的方法是谈判。
（2）*adv.* usually
我通常六点起床。
他通常在午休时间去咖啡馆。

720 **通信** tōng//xìn communicate by letter

通过信
我们好久没有通信了。
他跟朋友通过几次信。

◎ 速练 Quick practice

一、先根据词语写拼音，再将词语和正确的英文释义连起来
Write Pinyin according to the words, and then match the words with the correct English definitions.

1. 提问 ______________ A. learn from experience; experience
2. 题目 ______________ B. high jump
3. 体会 ______________ C. sky
4. 天空 ______________ D. adjust
5. 调整 ______________ E. title; exercise problem
6. 跳高 ______________ F. ask a question
7. 铁路 ______________ G. common, usual; usually
8. 通常 ______________ H. railway

二、选择合适的词语填空 Choose the right words and fill in the blanks.

（一） A. 提问 B. 题目 C. 体会 D. 体现 E. 体验

1. 他向我____，我不知道怎么回答。
2. 从这件事中我得到的____是，人应该学会满足。
3. 那位作家经常在不同的地方____生活。
4. 这次考试的____难不难？
5. 这是最新生产的汽车，它的现代化____在五个方面。

（二） A. 天空 B. 甜 C. 调 D. 调整 E. 跳远

1. ____中有几朵白云。
2. 她给我的糖很____。
3. 我要____一下儿工作时间，最近太累了。
4. 他参加了____比赛。
5. 再放点儿糖____一下儿咖啡的味道。

（三） A. 跳高 B. 跳舞 C. 跳 D. 铁 E. 铁路

1. 他一边唱歌，一边____。
2. 这次运动会我报名参加____比赛。
3. 这条____通向北京。
4. 他高兴得____了起来。
5. 这把刀是____做的。

（四） A. 听力 B. 听众 C. 停止 D. 通常 E. 通信

1. ____朋友们晚上好，欢迎收听我们的节目。
2. 我____10 点睡觉。
3. 这台机器已经____工作了。
4. 今天____课上听的录音很难。
5. 他们经常____，但从来没见过面。

三、选择合适的词语完成句子 Choose the right words to complete the sentences.

1. 大家听了王老师的课以后，还有向他____的机会。

   A. 提问 B. 题目 C. 问题 D. 试题

2. 这部电影____了他深刻的思想。

A. 体会　　B. 体现　　C. 体验　　D. 了解

3. 他高兴得____。

A. 跳舞起来　　B. 跳起来舞

C. 跳起舞来　　D. 起跳舞来

4. 看，____。

A. 一架飞机在天空　　B. 那架飞机在天空

C. 天空中有一架飞机　　D. 天空中有那架飞机

5. 感谢各位____朋友收听我们的节目。

A. 观众　　B. 听众　　C. 听力　　D. 听见

第 37 单元　Unit 37

◎ 目标词语　Target words

721. 同意	722. 痛	723. 痛苦	724. 头	725. 头脑
726. 突出	727. 突然	728. 图	729. 图画	730. 土
731. 团	732. 团结	733. 团体	734. 推动	735. 推广
736. 推进	737. 推开	738. 退	739. 退出	740. 退休

◎ 速记　Quick memory

721 **同意**　tóngyì　*v.*　agree

同意我的请求；同意帮助他
公司不同意他的计划。
妈妈同意我来中国留学。

722 **痛**　tòng　*adj.*　painful

痛极了；很痛
他受伤的手指痛极了。
昨天晚上没休息好，我的头非常痛。

723 **痛苦**　tòngkǔ　*adj.*　painful, bitter

痛苦的感觉；非常痛苦
得了这种病的人很痛苦。
这种痛苦的生活让他受不了了。

724 **头**　tóu　*adj.*　first

头一遍；头三天
听头一遍的时候先不要写。
他来这儿的头一年适应不了这儿的气候。

725 **头脑**　tóunǎo　*n.*　brains, mind

有头脑；头脑清楚
有头脑的人不会急着去做，而是会先做好计划。
散步让我的头脑更清楚。

726 **突出**　tūchū

（1）*adj.*　prominent
突出的特色；成绩突出
我弟弟的成绩非常突出。
比赛的时候他的表现很突出。
（2）*v.*　highlight
突出重点；突出自己
写文章要突出重点。

他从来不喜欢突出自己。

727 **突然** tūrán *adj.* sudden

很突然；突然停止
这场雨来得非常突然。
他突然停止了讲话，很奇怪。

728 **图** tú *n.* picture

看图；画图
一年级的学生要学会看图识字。
她很认真地按照老师的要求画图。

729 **图画** túhuà *n.* picture

一张图画；美丽的图画
这张图画非常生动。
墙上挂着一张花园的图画。

730 **土** tǔ *n.* soil, dust

土山；土路
一群骑车的人出现在了那条土路上。
他拍了拍身上的土。

731 **团** tuán

（1）*n.* group
代表团；旅行团
代表团一共有7个人。
我是跟旅行团一起来的。
（2）*m.* *a measure word for rolled-up objects*
一团毛线；一团纸
小猫在玩儿那团毛线。
他把桌子上的那团纸打开看了看。

732 **团结** tuánjié

（1）*v.* unite
团结新人；团结朋友
我们团结在一起。
团结所有可以团结的人。
（2）*adj.* united
很团结；不团结
他们表现得一点儿也不团结。
我们球队非常团结。

733 **团体** tuántǐ *n.* organization, group

社会团体；团体票
这个社会团体很团结。
买团体票可以便宜一点儿。

734 **推动** tuī//dòng promote

推动工作；推动发展

他努力推动这项工作。
科学的管理方式推动了生产。

735 **推广** tuīguǎng *v.* popularize

推广普通话；推广先进经验
推广普通话的好处有很多，比如可以推动农村发展。
公司推广了他的先进经验。

736 **推进** tuījìn *v.* promote, give impetus to

向前推进；推进工作
他把工作向前推进了一大步。
我们要进一步推进经济发展。

737 **推开** tuīkāi push

推开门；推开窗户
她推开了房间的门。
他用力推开我，跑了出去。

738 **退** tuì *v.* retreat; refund

退了几步；退票
她往后退了几步。
观众对演出很不满意，要求退票。

739 **退出** tuìchū *v.* quit, leave

退出比赛；退出体育场
他受伤了，不得不退出比赛。
大家排队退出体育场。

740 **退休** tuì//xiū retire

退休生活
他60岁退休。
我妈妈退休5年了。

◎ 速练 Quick practice

一、先根据词语写拼音，再将词语和正确的英文释义连起来

Write Pinyin according to the words, and then match the words with the correct English definitions.

1. 同意 ____________ A. painful, bitter
2. 痛苦 ____________ B. retire
3. 头脑 ____________ C. popularize
4. 突出 ____________ D. sudden
5. 突然 ____________ E. organization, group
6. 团体 ____________ F. brains, mind
7. 推广 ____________ G. agree
8. 退休 ____________ H. prominent; highlight

二、选择合适的词语填空 Choose the right words and fill in the blanks.

（一） A. 同意 B. 痛 C. 痛苦 D. 头 E. 头脑

1. 她眼睛里进了沙子，眼睛有点儿____。
2. 离婚这件事让他非常____。
3. ____几个题不太难，后边的题越来越难。
4. 我妹妹虽然年纪小，但是很有____。
5. 我完全____你的计划。

（二） A. 突出 B. 突然 C. 图 D. 土 E. 团

1. 代表____参观了科技馆。
2. 他____哈哈大笑起来。
3. 她的成绩非常____。
4. 我把桌子上的____擦（cā，wipe）干净了。
5. 我弟弟每天练习看____写话。

（三） A. 图画 B. 团结 C. 团体 D. 推动 E. 推广

1. 在全国范围内____全民健身（jiànshēn，keep fit）活动。
2. 他正在努力____这项工作。
3. 那张____是妹妹画的。
4. 他们队非常____，所以赢了比赛。
5. 这个说唱____的表演很精彩。

（四） A. 推进 B. 推开 C. 退 D. 退出 E. 退休

1. 他一生气就____了那个部门。
2. 我妈妈____以后的生活更丰富了。
3. 她____门出去了。
4. 我往后____了几步。
5. 我们要正常____日常教学工作。

三、选择合适的词语完成句子 Choose the right words to complete the sentences.

1. 他得了这种病，他的家人跟他一样____。

A. 痛 B. 痛苦 C. 疼 D. 疼痛

2. 他去世的消息太____了。

A. 突然　　B. 忽然　　C. 果然　　D. 当然

3. 我们要在各行各业____普通话，让越来越多的人说普通话。

A. 推动　　B. 推开　　C. 推广　　D. 推进

4. 他突然____门走了进来。

A. 推动　　B. 推开　　C. 推广　　D. 推进

5. 他们非常____，一起克服困难。

A. 团　　B. 团圆　　C. 团体　　D. 团结

第 38 单元　Unit 38

◎ 目标词语　Target words

741. 外交	742. 外面	743. 外文	744. 完美	745. 完善
746. 完整	747. 玩具	748. 往往	749. 危害	750. 危险
751. 为[1]（*v.*）	752. 为[2]（*prep.*）	753. 围	754. 伟大	755. 卫生
756. 卫生间	757. 为了	758. 温暖	759. 文化	760. 文件

◎ 速记　Quick memory

741 **外交**　wàijiāo　*n.*　diplomacy

外交部；外交人员
外交人员代表自己的国家从事外交活动。
他是一位外交家。

742 **外面**　wài·miàn　*n.*　outside

窗户外面；大楼外面
请先在外面等一会儿。
他把沙发搬到外面去了。

743 **外文**　wàiwén　*n.*　foreign language

外文书；外文杂志
图书馆有很多外文书。
网上可以买到外文杂志。

744 **完美**　wánměi　*adj.*　perfect

完美的计划；很完美
这是我心中完美的家。
她的表演非常完美。

745 **完善**　wánshàn

（1）*adj.*　perfect
很完善；功能完善
这种手机的功能很完善。
这种技术变得越来越完善，越来越受欢迎。
（2）*v.*　improve
完善技术；不断完善
手机的功能正在不断完善。
我的作文还没写完，还需要再完善一下儿。

746 **完整**　wánzhěng　*adj.*　complete

完整的家；很完整

这套书是完整的。
这是一个完整的句子。

747 **玩具** wánjù *n.* toy

玩具火车；玩儿玩具
她很安静地在玩儿玩具。
许多男孩儿喜欢玩具车。

748 **往往** wǎngwǎng *adv.* usually

这里的冬天往往很冷。
吃完晚饭以后，他往往会去河边散散步。

749 **危害** wēihài

（1）*v.* harm
危害健康；危害生命
吸烟危害身体健康。
酒后开车会危害自己和别人的生命。
（2）*n.* injury
很大的危害；造成危害
这些假药会给人们造成很大的危害。
长时间看手机会对眼睛造成不小的危害。

750 **危险** wēixiǎn

（1）*adj.* dangerous
很危险；非常危险
在这儿跑步很危险。
现在是这个病人最危险的时候。
（2）*n.* danger
有危险；遇到危险
遇到危险的时候，就打 110。
医生说他目前已经没有危险了。

751 **为** [1] wéi *v.* do; act as

中国人常说：事在人为。
大家选他为代表。

752 **为** [2] wéi *prep.* *used after certain single-character adjectives to form adverbs to indicate "scope", "extent", etc.*

为……所……
这个传说为大家所熟知。
那个电视剧为观众所喜爱。

753 **围** wéi *v.* enclose, surround

围住；围起来
一群人围着他。
大家围着桌子坐。

754 **伟大** wěidà *adj.* great

伟大的胜利；伟大的国家
孔子是一位伟大的思想家。
中国这些年的发展取得了伟大的成就。

755 **卫生** wèishēng

（1）*adj.* hygienic
不洗手就吃东西不卫生。
（2）*n.* hygiene
个人卫生；环境卫生
我们要注意个人卫生。
环境卫生很重要。

756 **卫生间** wèishēngjiān *n.* restroom

去卫生间
我想去一下儿卫生间。
女卫生间在二楼。

757 **为了** wèile *prep.* in order to

为了学习中文，他来到中国。
为了工作，她努力学习新知识。

758 **温暖** wēnnuǎn

（1）*adj.* warm
温暖的气候；温暖的家
这儿的冬天很温暖。
我的房间非常温暖。
（2）*v.* warm
她对我的关心一直温暖着我。

759 **文化** wénhuà *n.* culture

文化交流；中国文化
她从事文化交流工作。
他很喜欢中国文化。

760 **文件** wénjiàn *n.* document, file

一份文件；正式文件
我正在给他打印一份文件。
这份文件很重要。

◎ 速练 Quick practice

一、先根据词语写拼音，再将词语和正确的英文释义连起来

Write Pinyin according to the words, and then match the words with the correct English definitions.

1. 外交 ____________	A. perfect
2. 外文 ____________	B. diplomacy
3. 完美 ____________	C. foreign language
4. 完整 ____________	D. usually
5. 玩具 ____________	E. complete
6. 往往 ____________	F. toy
7. 危险 ____________	G. warm
8. 温暖 ____________	H. dangerous; danger

二、选择合适的词语填空 Choose the right words and fill in the blanks.

（一） A. 外交 B. 外面 C. 外文 D. 完美 E. 完善

1. 这篇文章写得不错，不过有几个地方需要____。
2. 他是一位____家，在不少国家当过大使（dàshǐ，ambassador）。
3. 我最近在读一本____书。
4. 我们一起去____散散步吧。
5. 他觉得自己的计划非常____。

（二） A. 完整 B. 玩具 C. 往往 D. 危害 E. 为

1. 他给儿子买了一个新____。
2. 请把你的想法____地说出来。
3. 快考试的时候，图书馆里____有很多人。
4. 这样做____了大家的生命安全。
5. 事在人____，我们再试试吧。

（三） A. 危险 B. 为 C. 围 D. 伟大 E. 卫生

1. 这么晚一个人出门有点儿____。
2. 打网球____很多人所喜爱。
3. 他是一位____的运动员。

4. 大家越来越关注食品____问题。

5. 孩子们____着老师坐。

（四） A. 卫生间 B. 为了 C. 文化 D. 文件 E. 温暖

1. ____身体健康，他每天跑步。

2. 请问，哪儿有____？

3. 他很了解中国____。

4. 秋天的阳光很____。

5. 请把这份____复印五份拿给我。

三、选择合适的词语完成句子 Choose the right words to complete the sentences.

1. 这个安排虽然很全面，不过还有一些地方要____。

A. 完美 B. 完善 C. 完整 D. 完全

2. 这套书一共有十本，但被借走了两本，现在这套书不____。

A. 完美 B. 完善 C. 完整 D. 完成

3. ____！不能从这儿过马路。

A. 危害 B. 危险 C. 可怕 D. 难过

4. 事在人____，我们一定要坚持下去。

A. 为 B. 谈 C. 做 D. 成

5. ____更好地了解中国文化，他来到中国学习中文。

A. 因为 B. 打算 C. 所以 D. 为了

第 39 单元　Unit 39

◎ 目标词语　Target words

761. 文明	762. 文学	763. 文章	764. 文字	765. 握手
766. 屋子	767. 武器	768. 武术	769. 舞台	770. 西部
771. 希望	772. 系	773. 下来	774. 下面	775. 下去
776. 先进	777. 显得	778. 显然	779. 显示	780. 现场

◎ 速记　Quick memory

761　**文明**　wénmíng

（1）*n.*　civilization
精神文明；讲文明
我们应重视精神文明建设。
科技和文化的发展带来了社会的文明和进步。
（2）*adj.*　civilized
文明行为；文明人
不排队的行为很不文明。
这种不文明现象现在很少看到了。

762　**文学**　wénxué　*n.*　literature

中国文学；文学艺术
他的中国文学知识非常丰富。
她是一位农村文学作家。

763　**文章**　wénzhāng　*n.*　article

一篇文章；写文章
这篇文章写得非常好。
文章的题目很吸引人。

764　**文字**　wénzì　*n.*　characters

一段文字；文字游戏
请你读一下儿这段文字。
不要跟我玩儿文字游戏。

765　**握手**　wò//shǒu　shake hands

和他握手；握握手
他热情地和我们握手。
握手是表示友好的方式。

766　**屋子**　wūzi　*n.*　house

屋子里；屋子外边
屋子里一个人都没有。

这间屋子上午阳光很好。

767 **武器** wǔqì *n.* weapon

拿起武器；放下武器
现代军队的武器很先进。
我们要学会用法律（fǎlǜ，law）的武器保护自己。

768 **武术** wǔshù *n.* martial arts

会武术；武术表演
他从小就爱好武术。
我对中国武术很感兴趣。

769 **舞台** wǔtái *n.* stage, arena

舞台上；外交舞台
他正在舞台上表演节目。
她在外交舞台上表现突出。

770 **西部** xībù *n.* west

西部地区
他毕业以后打算去西部地区工作。
我下个月要去西部的几个城市旅行。

771 **希望** xīwàng

（1）*v.* hope
希望你早点儿回来。
他从小就希望做一个医生。
（2）*n.* hope; person or thing that is likely to bring success
成功的希望；很大的希望
有生命就有希望。
年轻人是国家的希望。

772 **系** xì *n.* department; system

中文系；太阳系
他是我们学校中文系的学生。
人们对太阳系的了解越来越多。

773 **下来** xià//·lái come down

他从山上下来了。
我看见他们从楼上下来了。

774 **下面** xiàmiàn *n.* below, under

树下面；桥下面
他站在那棵树下面。
请把电话写在名字下面。

775 **下去** xià//·qù go down

从这儿下去。
麦克到楼下了，我们快下去吧。

776 **先进** xiānjìn

（1）*adj.* advanced

先进水平；很先进

这家工厂的机器设备很先进。

这种电脑是目前最先进的。

（2）*n.* advanced person or group

选先进；当先进

今天开会要选出今年的先进。

大家都想当先进，所以工作都很积极。

777 **显得** xiǎnde *v.* look, seem, appear

显得突出；显得紧张

他今天显得有点儿紧张。

你穿这件衣服显得很瘦。

778 **显然** xiǎnrán *adj.* obviously

很显然；显然不对

她显然说错了。

他作业都写错了，显然上课没听懂。

779 **显示** xiǎnshì *v.* show, display

显示出来；结果显示

考试的结果显示，努力的学生都有进步。

手机上显示着你的信息。

780 **现场** xiànchǎng *n.* scene (of an accident or a crime); site, spot

事故现场；工作现场

警察正在事故现场进行调查。

他是个球迷，每次都去现场看比赛。

◎ 速练 Quick practice

一、先根据词语写拼音，再将词语和正确的英文释义连起来

Write Pinyin according to the words, and then match the words with the correct English definitions.

1. 文明 ____________	A. obviously
2. 文学 ____________	B. civilization; civilized
3. 文章 ____________	C. weapon
4. 握手 ____________	D. article
5. 武器 ____________	E. literature
6. 希望 ____________	F. shake hands
7. 先进 ____________	G. hope; person or thing that is likely to bring success
8. 显然 ____________	H. advanced; advanced person or group

二、选择合适的词语填空 Choose the right words and fill in the blanks.

（一） A. 文明 B. 文学 C. 文章 D. 文字 E. 握手

1. 他喜欢外国____。
2. ____社会不能接受这种现象。
3. 这篇____写得不错。
4. 一见面他就走过来和我____。
5. 这种____很特别，是很久以前的汉字，现在很少有人认识。

（二） A. 屋子 B. 武器 C. 武术 D. 舞台 E. 西部

1. ____里有很多人。
2. 我们是警察，放下你的____！
3. 我从小学习____，所以身体一直很健康。
4. 他是从____地区来的。
5. ____ 上有十几个人正在表演。

（三） A. 希望 B. 系 C. 下来 D. 下面 E. 下去

1. 父母____我毕业以后到中国留学。
2. 他读中文____。
3. 看到朋友在楼下，我马上____找他了。
4. 老人们坐在树____聊天儿。
5. 快从上面____吧，我们在下面等你半天了。

（四） A. 先进 B. 显得 C. 显然 D. 显示 E. 现场

1. 他今天一直很困，____昨天晚上没休息好。
2. 她穿着红色的裙子，____又高又瘦。
3. 我们要学习他们的____经验。
4. 交通事故发生的时候，交警就在____。
5. 考试结果____，很多学生没认真学习。

三、选择合适的词语完成句子 Choose the right words to complete the sentences.

1. 请你认真读一下儿这____文章的第一____文字。

A. 篇；段 B. 篇；个 C. 个；篇 D. 篇；些

2. 他热情地____。

A. 握手我　　B. 握握我的手　　C. 握了握我的手　　D. 握握了我的手

3. 李明，你快____，我在楼下等你半天了！

A. 下来　　B. 下去　　C. 上来　　D. 上去

4. 电梯坏了，我从 10 楼走____的。

A. 下来　　B. 下面　　C. 楼下　　D. 上面

5. 调查结果____，有不少年轻人想要学习京剧。

A. 显得　　B. 显然　　C. 显示　　D. 明显

第 40 单元　Unit 40

◎ 目标词语　Target words

781. 现代	782. 现金	783. 现实	784. 现象	785. 线
786. 相比	787. 相当	788. 相关	789. 相互	790. 相似
791. 香	792. 香蕉	793. 消费	794. 消失	795. 消息
796. 效果	797. 写作	798. 血	799. 心	800. 信

◎ 速记　Quick memory

781 **现代**　xiàndài

（1）*n.*　modern times
现代社会；现代技术
现代社会的生活更方便。
大多数现代年轻人都希望在城市中生活。
（2）*adj.*　modern
很现代；更现代
这个老建筑的样子其实很现代。
这个沙发看起来比那把椅子更现代。

782 **现金**　xiànjīn　*n.*　cash

付现金；很多现金
顾客可以付现金，也可以扫码支付。
出门时不要带太多现金，不安全。

783 **现实**　xiànshí

（1）*n.*　reality
面对现实；现实生活
我们要面对现实。
这部电影讲的是现实生活中的一件事。
（2）*adj.*　realistic
很现实；不现实
这个计划不太现实。
他说的是一个比较现实的办法。

784 **现象**　xiànxiàng　*n.*　phenomenon

社会现象；自然现象
这种社会现象引起了大家的关注。
下雨是很常见的自然现象。

785 **线**　xiàn　*n.*　thread, string, wire

毛线；电线
小猫正在玩儿那团毛线。

离那些电线远一点儿。

786 **相比** xiāngbǐ *v.* compare with, contrast

和……相比；不能相比
和他姐姐相比，他高多了。
和别人相比，我的这点儿困难不算什么。

787 **相当** xiāngdāng

（1）*adv.* quite
相当好；相当成功
他们的表演相当成功。
要提前完成这个任务相当困难。
（2）*v.* match, be equal to
能力相当；水平相当
他们两个人的能力相当。
他们的中文水平相当。

788 **相关** xiāngguān *v.* be related

和……相关；相关人员
我们的健康和环境相关。
做这份工作要有相关的经验。

789 **相互** xiānghù *adv.* mutual

相互关心；相互影响
他们总是相互关心。
经济发展和环境保护相互影响。

790 **相似** xiāngsì *adj.* similar

情况相似；性格相似
他和同屋爱好相似。
这两个词的用法有相似之处。

791 **香** xiāng *adj.* fragrant; delicious

很香
这种花真香！
妈妈今天做的菜味道很香。

792 **香蕉** xiāngjiāo *n.* banana

吃香蕉；买香蕉
这种香蕉很甜。
香蕉一斤3块钱。

793 **消费** xiāofèi *v.* consume

高消费；消费品
这家咖啡馆每个人大概消费50块钱。
我们有适合不同消费计划的路线安排。

794 **消失** xiāoshī *v.* disappear

消失了；慢慢消失

他的声音越来越小，最后消失了。
太阳消失在了一大片云后面。

795 **消息** xiāoxi *n.* news

好消息；坏消息
他告诉我一个好消息。
这个坏消息让我很伤心。

796 **效果** xiàoguǒ *n.* effect

有效果；效果好
这种药没什么效果。
班级里人太多了，学习效果不好。

797 **写作** xiězuò *v.* writing

开始写作；练习写作
他10岁就开始写作了。
我每天练习写作。

798 **血** xiě *n.* blood

他受伤了，流了很多血。
她一看到血就往后退，怎么当医生？

799 **心** xīn *n.* heart, mind

心里
他说的话我一直记在心里。
她紧张得心都要跳出来了。

800 **信** xìn *v.* believe

深信；信以为真
他深信自己一定能成功。
我跟她开玩笑，她信以为真了。

◎ 速练 Quick practice

一、先根据词语写拼音，再将词语和正确的英文释义连起来
Write Pinyin according to the words, and then match the words with the correct English definitions.

1. 现代 ____________ A. cash
2. 现金 ____________ B. writing
3. 现象 ____________ C. modern times; modern
4. 相关 ____________ D. banana
5. 香蕉 ____________ E. phenomenon
6. 效果 ____________ F. be related
7. 写作 ____________ G. disappear
8. 消失 ____________ H. effect

二、选择合适的词语填空 Choose the right words and fill in the blanks.

（一） A. 现代 B. 现金 C. 现实 D. 现象 E. 线

1. 这儿可以付____，你带钱了吗？

2. 太阳从东边升起在西边落下（luòxia，go down），这是自然____。

3. 这根蓝色的是网____。

4. 找不到工作就没有收入，这是很____的问题。

5. ____科技正改变着我们的生活。

（二） A. 相比 B. 相当 C. 相关 D. 相互 E. 相似

1. 他和同事年纪差不多，能力也____。

2. 和那个城市____，武汉更大。

3. 今天我们学习和中国文化____的知识。

4. 我们常常____帮助，一起学习。

5. 我的问题跟她遇到的很____，所以她把她的办法告诉我了。

（三） A. 香 B. 香蕉 C. 消费 D. 消失 E. 消息

1. 花开了，真____！

2. 我很喜欢吃____。

3. 那只小狗刚才还在这儿呢，现在____不见了。

4. 我已经很久没有他的____了，不知道他去哪儿了。

5. 在你找到工作以前，不要高____。

（四） A. 效果 B. 写作 C. 血 D. 心 E. 信

1. 那位作家很喜欢____。

2. 别____他说的话，没有一句是真的。

3. 他的手指流____了。

4. 这个老师的教学____很不错。

5. 在我____中，曾经有一个不现实的想法。

三、选择合适的词语完成句子 Choose the right words to complete the sentences.

1. 花开花落都是自然____。

A. 行为 B. 现象 C. 现实 D. 景色

2. 她想找个好工作，这个想法非常____。

A. 现代　　B. 配合　　C. 现实　　D. 客观

3. 你的考试成绩跟你平时的努力是____的。

A. 相比　　B. 相似　　C. 相关　　D. 相互

4. 他教我英文，我教他中文，我们____帮助。

A. 相比　　B. 相当　　C. 相关　　D. 相互

5. “己”“已”这两个字很____，很多学生分不清楚。

A. 相似　　B. 相关　　C. 相互　　D. 相比

第 41 单元　Unit 41

◎ 目标词语　Target words

801. 信封	802. 信任	803. 行李	804. 形成	805. 形式
806. 形象	807. 形状	808. 幸福	809. 幸运	810. 性
811. 性别	812. 性格	813. 修	814. 修改	815. 需求
816. 需要	817. 宣布	818. 宣传	819. 选手	820. 学费

◎ 速记　Quick memory

801 **信封**　xìnfēng　*n.*　envelope

一个信封；信封上
我把信装进信封寄（jì，send）走了。
请在信封上写上收信人信息。

802 **信任**　xìnrèn　*v.*　trust

信任他；得到信任
我完全信任他。
他得到了大家的信任。

803 **行李**　xíngli　*n.*　luggage

一件行李；行李箱（xiāng，box, case）
那个红色的行李箱是她的。
我来中国留学时带了很多行李。

804 **形成**　xíngchéng　*v.*　form, develop

形成观点；形成习惯
他每天坚持早睡早起，现在已经形成习惯了。
这些变化经过了很长时间才形成。

805 **形式**　xíngshì　*n.*　form, mode

形式和内容；形式多样
内容和形式要相关。
表演的形式多种多样。

806 **形象**　xíngxiàng

（1）*n.*　image
国家形象；形象高大（gāodà，tall and big）
父亲的形象很高大。
我们代表着公司的形象，要好好表现。
（2）*adj.*　vivid
很形象；不太形象

我画的动物不太形象。
老师上课的语言非常形象。

807 **形状** xíngzhuàng *n.* shape

各种形状；地球的形状
他把蛋糕做成了各种形状。
那朵云的形状真奇怪！

808 **幸福** xìngfú

（1）*adj.* happy
很幸福；幸福的生活
他们的生活很幸福。
你们真是幸福的一家人。
（2）*n.* happiness
人民的幸福；真正的幸福
希望你早日得到幸福。
父母非常关心孩子的幸福问题。

809 **幸运** xìngyùn *adj.* lucky

很幸运；幸运的人
他很幸运地找到了一份理想的工作。
我幸运地赶上了最后一班车。

810 **性** xìng *suf.* *added as a suffix to indicate the nature or characteristics of something*

积极性；复杂性
同学们积极性很高。
这场比赛他赢的可能性很小。

811 **性别** xìngbié *n.* sex

孩子的性别；不同的性别
请写清楚姓名、性别等信息。
性别不同得到的机会也应该一样。

812 **性格** xìnggé *n.* character, disposition

性格外向；性格好
他性格很外向，喜欢跟人交流。
我非常喜欢她的性格。

813 **修** xiū *v.* repair

修鞋；修收音机
他很会修电脑。
车坏了，我要找人来修一下儿。

814 **修改** xiūgǎi *v.* revise, modify

修改计划；修改文章
我们要修改一下儿工作计划。

李老师帮我把文章修改了好几遍。

815 **需求** xūqiú *n.* requirement, need

消费需求；市场需求
做生意要了解顾客的消费需求。
这种商品的市场需求很大。

816 **需要** xūyào

(1) *v.* need
需要钱；需要休息
我太累了，需要休息。
我们需要帮助。
(2) *n.* need
人民的需要；经济上的需要
政府做事要从老百姓的需要出发。
由于精神上的需要，她一直保留着已经去世的母亲的东西。

817 **宣布** xuānbù *v.* announce

宣布结束；宣布结果
他宣布会议正式开始。
她宣布了一个好消息。

818 **宣传** xuānchuán

(1) *v.* publicize, popularize
宣传卫生知识；宣传交通安全知识
他积极向老年人宣传卫生知识。
交警到学校给孩子们宣传交通安全知识。
(2) *n.* publicity, popularization
环保的宣传；宣传工具
反对浪费的宣传有很多。
艺术是不错的宣传工具。

819 **选手** xuǎnshǒu *n.* player

中国选手；网球选手
这几个网球选手打得都很好。
那个年轻的选手取得了第一名。

820 **学费** xuéfèi *n.* tuition

交学费；大学学费
妈妈给我交学费。
我大学的学费是一年6000元。

◎ 速练　Quick practice

一、先根据词语写拼音，再将词语和正确的英文释义连起来
Write Pinyin according to the words, and then match the words with the correct English definitions.

1. 信封 ____________	A. trust
2. 信任 ____________	B. envelope
3. 行李 ____________	C. shape
4. 形成 ____________	D. character, disposition
5. 形象 ____________	E. happy; happiness
6. 形状 ____________	F. form, develop
7. 幸福 ____________	G. luggage
8. 性格 ____________	H. image; vivid

二、选择合适的词语填空　Choose the right words and fill in the blanks.

（一）　A. 信封　B. 信任　C. 行李　D. 形成　E. 形式

1. 我的____都整理好了，可以出发了。
2. 他不喜欢这种表演____。
3. 这个____是新的，给你寄信用吧。
4. 好习惯是慢慢____的。
5. 我们都很____他，因为他从来不说假话。

（二）　A. 形象　B. 形状　C. 幸福　D. 幸运　E. 性

1. 中国的饺子有很多不同的____。
2. 这本小说里母亲的____很伟大。
3. 希望你能早日找到____。
4. 虽然他不一定能做好这份工作，不过还是很有积极____的。
5. 他很快就找到了工作，真____。

（三）　A. 性别　B. 性格　C. 修　D. 修改　E. 需求

1. 这个句子应该____一下儿。
2. 我的电脑坏了，需要____一下儿。
3. 他的____很好，大家都喜欢跟他做朋友。

4. 我们要先调查一下儿市场____。

5. 她快要做妈妈了，不过还不知道孩子的____。

（四） A. 需要 B. 宣布 C. 宣传 D. 选手 E. 学费

1. 他刚刚____九月就要结婚了。

2. 出国留学____很多钱。

3. 我妈妈帮我交____。

4. 两队网球____开始比赛了。

5. 我们要好好____这种商品的功能。

三、选择合适的词语完成句子 Choose the right words to complete the sentences.

1. 不要总是批评他，____。

   A. 好习惯是慢慢形成的 B. 是慢慢形成好习惯的

   C. 是慢慢形成的好习惯 D. 好习惯是慢慢的形成

2. 他把写好的信装____。

   A. 信封 B. 进信封里 C. 进信封上 D. 在信封上

3. 他来的可能____不大，因为他太忙了。

   A. 性 B. 化 C. 力 D. 者

4. 这篇文章写得不错，不过有些小问题还需要____一下儿。

   A. 修 B. 修改 C. 宣传 D. 需求

5. 我们要好好____他们的先进经验。

   A. 宣布 B. 公布 C. 宣传 D. 突出

第42单元　Unit 42

◎ 目标词语　Target words

821. 训练	822. 压	823. 压力	824. 烟	825. 眼前
826. 演	827. 演唱	828. 演唱会	829. 演出	830. 演员
831. 羊	832. 阳光	833. 要是	834. 衣架	835. 一切
836. 已	837. 以来	838. 一方面	839. 艺术	840. 意外

◎ 速记　Quick memory

821 **训练**　xùnliàn

（1）*v.*　train
受训练
他受过游泳训练，所以游得很快。
在训练时，教练对队员很严格（yángé，strict）。
（2）*n.*　training
训练班；短期训练
考试前的听力训练很有用。
我们要接受长期训练才能上课。

822 **压**　yā　*v.*　press, weigh down

压住；压出来
那个问题压在他的心上很久了。
别在上面放东西，这个行李箱怕压。

823 **压力**　yālì　*n.*　pressure

工作的压力；压力大
他每天都在极大的压力下工作。
生活的压力越来越大，他觉得很累。

824 **烟**　yān　*n.*　smoke; cigarette

买烟；抽烟
我看到烟从那个房子上升起来。
不能把烟卖给孩子。

825 **眼前**　yǎnqián　*n.*　before one's eyes; at present

在我眼前；在眼前
我的眼前是一片花海。
胜利就在眼前。

826 **演**　yǎn　*v.*　perform, act

演电视剧；演电影
他是一个有名的演员，经常演电影。

她电视剧演得很不错。

827 **演唱** yǎnchàng *v.* sing (in a performance)

演唱京剧；现场演唱
他在晚会上演唱京剧。
她用中文演唱了一首（shǒu，*a measure word for songs and poems*）歌。

828 **演唱会** yǎnchànghuì *n.* concert (for singing or Chinese opera)

一场演唱会；听演唱会
他每年都举办一场演唱会。
我和朋友一起去听演唱会。

829 **演出** yǎnchū

（1）*v.* perform
正在演出；结束演出
他正在舞台上演出。
我们下个月要去南京演出。
（2）*n.* performance
一场演出；演出成功
这场演出很成功。
今天的演出非常精彩。

830 **演员** yǎnyuán *n.* actor, actress

男演员；女演员
他是一位伟大的演员。
她父母不同意她当演员。

831 **羊** yáng *n.* sheep, goat

一群羊；羊肉
草地上有一群羊。
羊毛出在羊身上。

832 **阳光** yángguāng *n.* sunshine

温暖的阳光；在阳光下
下午的阳光很温暖。
植物（zhíwù，plant）的生长不能缺少阳光。

833 **要是** yàoshi *conj.* if

要是……就……
要是你想参加，就告诉我。
这件事要是让他知道了，他一定会很生气。

834 **衣架** yījià *n.* coat hanger

一个衣架；买衣架
这种衣架很好用。
她把衣服挂在衣架上。

835 **一切** yíqiè *pron.* everything

一切困难；发生的一切

他热爱这里的一切。
我把那儿发生的一切都告诉警察了。

836 **已** yǐ *adv.* already

已婚；已知
计划已提前完成。
时间已过，但是问题还没有解决。

837 **以来** yǐlái *n.* since

三年以来；长期以来
三年以来，他每天早上都去体育场跑步。
长期以来，她都在很大的压力下工作，身体越来越差。

838 **一方面** yìfāngmiàn *n.* one aspect, on one hand

他说的只是事情的一方面。
一方面，他很想找一个工资高的工作；另一方面，他又不希望工作太忙。

839 **艺术** yìshù *n.* art

艺术家；艺术形式
他是一位老艺术家。
艺术形式有很多种。

840 **意外** yìwài

（1）*adj.* unexpected
感到意外；很意外
考试的结果让他很意外。
她有这种表现我一点儿也不觉得意外。
（2）*n.* accident
发生意外；一次意外
那个女演员坐的车发生了意外，车上的人都受了伤。
这次没考好只是一个意外。

◎ 速练 Quick practice

一、先根据词语写拼音，再将词语和正确的英文释义连起来
Write Pinyin according to the words, and then match the words with the correct English definitions.

1. 训练 ______	A. pressure
2. 压力 ______	B. perform; performance
3. 演唱 ______	C. sunshine
4. 演出 ______	D. train; training
5. 艺术 ______	E. coat hanger
6. 阳光 ______	F. sing (in a performance)
7. 衣架 ______	G. everything
8. 一切 ______	H. art

二、选择合适的词语填空 Choose the right words and fill in the blanks.

（一） A. 训练 B. 压 C. 压力 D. 烟 E. 眼前

1. 你找的那本书就在你____的桌子上呢。
2. 这儿是医院，不能在这儿抽____。
3. 生活____太大了，他经常睡不着觉。
4. 他喜欢____他的小狗做各种动作。
5. 这个皮包被____坏了。

（二） A. 演 B. 演唱 C. 演唱会 D. 演出 E. 演员

1. 那个女____很有名。
2. 她在电影里____了一位很伟大的母亲。
3. 我想去北京听他的____，可是票太贵了。
4. 他____了一首爱情歌曲（gēqǔ，song），很动人。
5. 那个明星下个月要去北京话剧院____。

（三） A. 羊 B. 阳光 C. 要是 D. 衣架 E. 一切

1. 今天晚上吃____肉饺子。
2. 太阳出来了，____很暖和。
3. 我把____情况都告诉他了。
4. ____你来武汉，就给我打电话吧。
5. 我把裙子挂在____上了。

（四） A. 已 B. 以来 C. 一方面 D. 艺术 E. 意外

1. 从九月____，他的进步非常大。
2. 他是一位老____家。
3. 我们的计划____顺利完成。
4. 这只是一场____，跟你没关系。
5. 他喜欢骑自行车上班，____可以保证时间，另____达到了运动的目的。

三、选择合适的词语完成句子 Choose the right words to complete the sentences.

1. 在他____发生的一切让他感到意外。

   A. 眼前 B. 最近 C. 目前 D. 现在

2. 他演唱了一首中文歌，____。

A. 演得很好听　　B. 唱得很好听

C. 演的很好看　　D. 唱的很好看

3. ____你去听他的演唱会，我就跟你一起去。

A. 因为　　B. 只有　　C. 要是　　D. 虽然

4. 三年____，他一直在学习先进的经验，提高自己的能力。

A. 以前　　B. 以后　　C. 以来　　D. 前后

5. 这场意外____是他酒后开车引起的，另____对方的车速也很快。

A. 一方面　　B. 一边　　C. 又　　D. 方面

第 43 单元　Unit 43

◎ 目标词语　Target words

841. 意义	842. 因此	843. 银	844. 银牌	845. 印象
846. 应当	847. 迎接	848. 营养	849. 赢	850. 影视
851. 应用	852. 优点	853. 优势	854. 由	855. 由于
856. 邮件	857. 邮票	858. 邮箱	859. 游	860. 游戏

◎ 速记　Quick memory

841 **意义**　yìyì　*n.*　meaning

有意义；积极的意义
这部电影有积极的教育意义。
你边玩儿边写作业没什么意义。

842 **因此**　yīncǐ　*conj.*　therefore

雨太大了，因此我们今天不打算出门了。
我和她认识很多年了，因此很了解她的性格。

843 **银**　yín　*n.*　silver

银子；银色
他的包是银色的。
那个银盒子里放着一些信。

844 **银牌**　yínpái　*n.*　silver medal

一块银牌；取得银牌
那个网球选手取得了一块银牌。
他在跑步比赛中得了银牌。

845 **印象**　yìnxiàng　*n.*　impression

好印象；第一印象
第一印象往往很重要。
他的热情给我们留下了很深的印象。

846 **应当**　yīngdāng　*v.*　should

应当明白；应当表扬
他应当明白这场比赛的结果是很重要的。
我们应当好好宣传这件好人好事。

847 **迎接**　yíngjiē　*v.*　welcome, greet

迎接客人；热情地迎接
我到门口去迎接客人。

他要去机场迎接我们。

848 **营养** yíngyǎng *n.* nutrition

有营养；营养丰富
苹果很有营养，可以每天吃一个。
这道菜营养丰富。

849 **赢** yíng *v.* win

赢了；没赢
这场比赛我们赢了。
他赢了第一场。

850 **影视** yǐngshì *n.* film and television

影视片；影视明星
那个影视片很感人。
这个影视明星演了很多电视剧。

851 **应用** yìngyòng *v.* use, apply

应用新技术；普遍应用
这种方法应用得很普遍。
工厂打算应用这项新技术。

852 **优点** yōudiǎn *n.* merit, virtue

优点和缺点；很多优点
每个人都有自己的优点和缺点。
不能只看他的缺点，他也有很多优点。

853 **优势** yōushì *n.* superiority, advantage

有优势；明显的优势
他很高，打篮球有优势。
他们是主场比赛，有明显的优势。

854 **由** yóu *prep.* by

由……负责；由……安排
这项活动由我负责。
旅行路线由旅行社安排。

855 **由于** yóuyú

（1）*prep.* owing to
由于重感冒，他没办法参加跑步比赛了。
由于老师的指导，我很快就通过了考试。
（2）*conj.* because (*often used in the conjunction* "因此")
由于……因此……
由于他表现突出，因此受到了领导的表扬。
由于她病得很严重，因此我们把她送到了医院。

856 **邮件** yóujiàn *n.* mail

新邮件；一封邮件
今天的邮件不太多。
我的收件箱里有四封邮件。

857 **邮票** yóupiào *n.* stamp

一张邮票；贴邮票
她喜欢买各种邮票。
他把邮票贴在了信封上。

858 **邮箱** yóuxiāng *n.* mailbox

检查邮箱；我的邮箱
他每天上班第一件事就是检查邮箱。
我在电子邮箱里看到他发来的邮件了。

859 **游** yóu *v.* swim

游来游去；游累了
鱼在水里游来游去。
他游了1000米，游累了。

860 **游戏** yóuxì *n.* game

玩儿游戏；电脑游戏
妈妈不同意他玩儿电脑游戏。
我们一起做游戏吧。

◎ 速练 Quick practice

一、先根据词语写拼音，再将词语和正确的英文释义连起来

Write Pinyin according to the words, and then match the words with the correct English definitions.

1. 意义 ____________　　A. therefore
2. 因此 ____________　　B. impression
3. 印象 ____________　　C. welcome, greet
4. 迎接 ____________　　D. use, apply
5. 营养 ____________　　E. meaning
6. 应用 ____________　　F. merit, virtue
7. 优点 ____________　　G. owing to; because (*often used in the conjunction* “因此”)
8. 由于 ____________　　H. nutrition

二、选择合适的词语填空　Choose the right words and fill in the blanks.

（一）　A. 意义　B. 因此　C. 银　D. 银牌　E. 印象

1. 他在比赛中得了第二名，得到了一块____。

2. 第一次见面时给别人的第一____很重要。

3. 这支____笔是爸爸送给我的礼物。

4. 保护环境有很重要的____。

5. 他想来中国留学，____努力学习中文。

（二）　A. 应当　B. 迎接　C. 营养　D. 赢　E. 影视

1. 最近电视台播放了很多优秀的____片。

2. 水果非常有____，每天都应该吃一些。

3. 2 : 0，我们____了！

4. 他在饭馆门口____顾客。

5. 明天很早就要出发，今晚我们____早点儿睡觉。

（三）　A. 应用　B. 优点　C. 优势　D. 由　E. 邮件

1. 我们要多发现孩子的____，不能只看到缺点。

2. 我发给你的____你收到了没？

3. 他会说中文，唱京剧有____。

4. 晚会____我组织。

5. 这项新技术的____给我们带来了很多好处。

（四）　A. 由于　B. 邮票　C. 邮箱　D. 游　E. 游戏

1. ____天气原因，飞机晚了半个小时才起飞。

2. 我要寄信，所以我想买一张____。

3. 这个新____适合全家人一起玩儿。

4. 他____了一个小时，累坏了。

5. 我的____没有收到新邮件。

三、选择合适的词语完成句子　Choose the right words to complete the sentences.

1. 他身体不好，____医生建议他多吃点儿有营养的东西。

A. 因为　B. 因此　C. 由于　D. 由

2. ____他认真学习，他最近进步很大。

A. 由于　　B. 因此　　C. 所以　　D. 为了

3. 这项新技术____得越来越普遍。

A. 应当　　B. 应该　　C. 应用　　D. 因此

4. 毕业晚会的节目____办公室安排报名。

A. 由于　　B. 由　　C. 按照　　D. 按

5. 我的邮箱里有几____新邮件。

A. 张　　B. 条　　C. 套　　D. 封

第 44 单元　Unit 44

◎ 目标词语　Target words

861. 游泳	862. 有的是	863. 有利	864. 有效	865. 预报
866. 预防	867. 预计	868. 预习	869. 员	870. 员工
871. 愿望	872. 约	873. 乐队	874. 运输	875. 杂志
876. 早已	877. 造	878. 造成	879. 责任	880. 增加

◎ 速记　Quick memory

861 **游泳**　yóuyǒng

（1）*n.*　swimming
游泳是一项不错的运动。
她在游泳比赛中得了银牌。
（2）*v.*　swim
会游泳；学游泳
他游泳游得很快。
我用了两个月才学会了游泳。

862 **有的是**　yǒudeshì　have plenty of

我有的是时间。
学习的机会有的是。

863 **有利**　yǒulì　*adj.*　favorable, beneficial

十分有利；很有利
合作对我们双方都十分有利。
参加这次会议对你以后的工作很有利。

864 **有效**　yǒuxiào　*v.*　effective

有效措施；有效性
我们应该想办法提高实验的有效性。
他说的方法很有效。

865 **预报**　yùbào

（1）*v.*　forecast
预报天气；预报结果
广播里预报说明天有雨。
电视台及时预报了天气变化。
（2）*n.*　forecast
天气预报；大风预报
我爷爷每天晚上都要看天气预报节目。
因为有大风预报，所以我们今天不出门了。

866 **预防** yùfáng *v.* prevent

预防感冒；预防措施
我的中国朋友常说："多喝热水可以预防感冒。"
我们要采取有效的预防措施。

867 **预计** yùjì *v.* estimate

预计一下儿；预计需要的时间
预计10天就可以完成任务。
新商场预计明年春天开业。

868 **预习** yùxí *v.* preview

预习课文；预习生词
我们把明天要学习的内容先预习一下儿吧。
每天都预习新课、复习旧课是学习中文的好办法。

869 **员** yuán *suf.* person engaged in a certain field of activity

服务员；演员
服务员，请给我一杯水。
他哥哥是一个演员。

870 **员工** yuángōng *n.* staff

新员工；铁路员工
今天全体员工都要加班。
我们公司需要更多的员工。

871 **愿望** yuànwàng *n.* wish

实现愿望；满足愿望
他实现了出国留学的愿望。
妈妈满足了女儿的愿望。

872 **约** yuē *v.* make an appointment

约好时间；约朋友
我想跟王经理约个时间谈谈。
他们约好5点在学校门口见面。

873 **乐队** yuèduì *n.* band, orchestra

一支乐队；乐队的歌
这支乐队的表演非常成功。
他离开乐队去国外留学了。

874 **运输** yùnshū *v.* transport

海上运输；运输商品
他负责把商品运输到另一个城市。
预计一周时间可以运输完这些家具。

875 **杂志** zázhì *n.* magazine

中文杂志；一本杂志

他刚学中文，还看不懂中文杂志。
我有几本英文杂志。

876 **早已** zǎoyǐ *adv.* already

早已结婚；早已去过
他们早已来过中国。
你要的东西，我早已准备好了。

877 **造** zào *v.* make, build

造句；造车
他们造的房子很漂亮。
请你用这个词造一个句子。

878 **造成** zàochéng *v.* cause, give rise to

造成事故；造成不好的影响
乱收费造成的影响很坏。
这次事故是他不小心造成的。

879 **责任** zérèn *n.* responsibility

责任重大；有责任
能力越大，责任越大。
教好学生是老师的责任。

880 **增加** zēngjiā *v.* increase

增加人数；不断增加
他的压力不断增加。
在校学生已从800人增加到1000人。

◎ 速练 Quick practice

一、先根据词语写拼音，再将词语和正确的英文释义连起来

Write Pinyin according to the words, and then match the words with the correct English definitions.

1. 游泳 ______________	A. prevent
2. 有利 ______________	B. effective
3. 有效 ______________	C. favorable, beneficial
4. 预报 ______________	D. swimming; swim
5. 预防 ______________	E. staff
6. 预计 ______________	F. magazine
7. 员工 ______________	G. forecast
8. 杂志 ______________	H. estimate

二、选择合适的词语填空　Choose the right words and fill in the blanks.

（一）　A. 游泳　B. 有的是　C. 有利　D. 有效　E. 预报

1. 吃了这种药，头疼很快就会好，这种药很____。

2. ____明天有雨，出门记得带伞。

3. 我不会____，今年夏天我打算去学。

4. 你以后____机会去留学。

5. 这种天气对花草树木生长很____。

（二）　A. 预防　B. 预计　C. 预习　D. 员　E. 员工

1. ____参加游泳比赛的人会有 200 多。

2. 我今天要____ 第三课。

3. 每天吃一个苹果可以____生病。

4. 服务____，请给我一碗米饭。

5. 他是我们公司的新____。

（三）　A. 愿望　B. 约　C. 乐队　D. 运输　E. 杂志

1. 我去图书馆借了几本____。

2. 今天的晚会上有十几支____表演节目。

3. 他们用船把货物（huòwù，goods）____到国外。

4. 我们____好了 5 点见面。

5. 他实现了自己的____。

（四）　A. 早已　B. 造　C. 造成　D. 责任　E. 增加

1. 送给她的礼物我____准备好了。

2. 他____的那个句子很有意思。

3. 教育孩子是父母的____。

4. 这起事故是酒后开车____的。

5. 我们学校的留学生比去年____了不少。

三、选择合适的词语完成句子　Choose the right words to complete the sentences.

1. 坚持游泳对健康____，你看他这么多年来都没生过病。

　A. 有的是　B. 有利　C. 有效　D. 效果

2. 听说多晒（shài，bask）太阳对____感冒有效。

A. 预防　　B. 预计　　C. 预习　　D. 预报

3. 他从小就想当警察，今年他的____。

A. 愿望实现了　　B. 愿望满意了

C. 希望实现了　　D. 希望满意了

4. 我们____。

A. 约好 8 点见面在学校门口　　B. 约好 8 点在学校门口见面

C. 8 点在学校门口见面约好　　D. 8 点约好见面在学校门口

5. 那起交通事故是酒后开车____的。

A. 造　　B. 增加　　C. 早已　　D. 造成

第 45 单元　Unit 45

◎ 目标词语　Target words

881. 增长	882. 展开	883. 张	884. 照	885. 者
886. 真实	887. 争	888. 争取	889. 整	890. 整个
891. 整理	892. 整齐	893. 整体	894. 整天	895. 整整
896. 正	897. 正式	898. 证	899. 证件	900. 证据

◎ 速记　Quick memory

881 **增长**　zēngzhǎng　*v.*　increase, enrich

人口增长；增长知识
阅读（yuèdú，read）和学习能让我们增长知识。
市场对这种商品的需求增长得很快。

882 **展开**　zhǎn//kāi　conduct, carry out

展开调查；展开讨论
警察对这起交通事故展开了调查。
大家对这个问题展开了讨论。

883 **张**　zhāng

（1）*m.*　*a measure word for paper, desks, etc.*
一张纸；一张桌子
他送给我两张画儿。
教室里有二十张桌子。
（2）*v.*　open
张开；张嘴
张开嘴，我给你检查一下儿。
他慢慢张开了手，里面有一块糖。

884 **照**　zhào

（1）*v.*　look in a mirror; take a picture
照镜子（jìngzi，mirror）；照相
她出门前喜欢照一下儿镜子。
这张照片照得不错。
（2）*prep.*　according to
我是照事实说的。
他照老师教的方法写汉字。

885 **者**　zhě　*suf.*　person or thing, -er, -or

志愿者；作者
他做志愿者帮助楼里的老人。
这本书的作者是一位英国作家。

886 **真实** zhēnshí *adj.* real, true

真实的故事；真实情况
这个电影讲的是一个真实的故事。
我们不太了解那儿的真实情况。

887 **争** zhēng *v.* contend, compete

争第一名；争输赢
她做什么事都喜欢争个输赢。
他哥哥在争球时受了伤。

888 **争取** zhēngqǔ *v.* strive for

争取时间；争取胜利
我们争取提前完成计划。
他需要争取更多的时间来开展深入调查。

889 **整** zhěng

（1）*adj.* whole
整天；8点整
他整天都没说一句话。
飞机8点整起飞。
（2）*v.* put in order, tidy up
整一整；整好了
快把房间好好整一下儿。
明天开会的文件我已经整完了。

890 **整个** zhěnggè *adj.* whole

整个上午；整个房间
我整个上午都要开会。
他一说完，整个会议室的人都笑了起来。

891 **整理** zhěnglǐ *v.* put in order

整理房间；整理行李
她正在整理房间呢。
我的行李已经整理好了。

892 **整齐** zhěngqí *adj.* neat

很整齐；整齐的房间
鞋子整齐地放在鞋架上。
他们坐在整齐干净的教室里上课。

893 **整体** zhěngtǐ *n.* entirety

一个整体；整体效果
今天的表演整体效果不错。
房间给人的整体感觉很温暖。

894 **整天** zhěngtiān *n.* all day

一整天；整天工作

他玩儿了一整天的游戏。
我整天都在家写作业，哪儿都没去。

895 **整整** zhěngzhěng *adv.* whole

他忙了整整一个月。
我到北京已经整整三年了。

896 **正** zhèng *adj.* straight, upright; situated in the middle

很正；正中间
这张照片挂得不太正。
正中间的那个人就是王老师。

897 **正式** zhèngshì *adj.* formal

正式比赛；正式工作人员
8点整比赛正式开始。
今天开会，他穿得很正式。

898 **证** zhèng *n.* certificate, card

工作证；出入（chūrù，entry and exit）证
请把你的工作证拿出来。
进出学校的时候需要有正式的出入证。

899 **证件** zhèngjiàn *n.* certificate

身份（shēnfèn，identity）证件；有效证件
订票需要提供有效证件，身份证、护照都可以。
他出门一般会带着手机和证件。

900 **证据** zhèngjù *n.* evidence

新证据；找证据
警察正在找新的证据。
他们把证据交给警察了。

◎ 速练 Quick practice

一、先根据词语写拼音，再将词语和正确的英文释义连起来
Write Pinyin according to the words, and then match the words with the correct English definitions.

1. 增长 ______	A. put in order
2. 展开 ______	B. increase, enrich
3. 真实 ______	C. strive for
4. 争取 ______	D. conduct, carry out
5. 整理 ______	E. real, true
6. 整体 ______	F. certificate
7. 正式 ______	G. entirety
8. 证件 ______	H. formal

二、选择合适的词语填空 Choose the right words and fill in the blanks.

（一） A. 增长 B. 展开 C. 张 D. 照 E. 者

1. 他报名做世界杯球赛的志愿____。
2. 你等会儿，我____一下儿镜子。
3. 报纸上说调查已经全面____。
4. 我们在旅行中也可以____知识。
5. 那____照片照得不错。

（二） A. 真实 B. 争 C. 争取 D. 整 E. 整个

1. 他____夏天都在海边。
2. 我不知道他____的想法。
3. 今天的篮球比赛我们班和他们班____第一名。
4. 他给自己____到了一个留学的好机会。
5. 我们 8 点____出发。

（三） A. 整理 B. 整天 C. 整体 D. 整齐 E. 整整

1. 我已经把行李____好了。
2. 书架上的书放得很____。
3. 虽然他不太喜欢说话，但是他给我的____印象很不错。
4. 我____都在电脑前工作。
5. 他来武汉____20 年了。

（四） A. 正 B. 正式 C. 证 D. 证件 E. 证据

1. 警察找到了____，所以把他带走了。
2. 他们把电视机挂在了墙上，挂得很____。
3. 参加会议时最好穿得____一点儿。
4. 请给我看一下儿您的有效____。
5. 这是我的学生____，买票是不是可以便宜一些？

三、选择合适的词语完成句子 Choose the right words to complete the sentences.

1. 他照的那____照片很清楚。

A. 张 B. 条 C. 把 D. 封

2. 我们在学习中____了知识。

A. 增长　　B. 争取　　C. 争　　D. 增

3. 我回家的时候，妈妈正____房间呢。

A. 整齐　　B. 整理　　C. 整体　　D. 整个

4. 他很有经验，因为他工作已经____20 年了。

A. 整个　　B. 整体　　C. 整齐　　D. 整整

5. 她照镜子时才看到自己的头发很乱，一点儿都不____。

A. 整理　　B. 整体　　C. 整齐　　D. 整整

第 46 单元　Unit 46

◎ 目标词语　Target words

901. 证明	902. 支	903. 支持	904. 支付	905. 只
906. 直	907. 直播	908. 直到	909. 值	910. 值得
911. 职工	912. 职业	913. 只好	914. 只是	915. 只有
916. 指	917. 指出	918. 指导	919. 至今	920. 至少

◎ 速记　Quick memory

901 **证明**　zhèngmíng

（1）*v.*　prove, testify
事实证明；证明人
事实证明，努力就会有进步。
他可以证明我当时不在现场。
（2）*n.*　certificate
一份证明；开证明
这是学校给我开的证明。
他去办公室开了一份在学证明。

902 **支**　zhī　*m.*　*a measure word for long, thin, inflexible objects, for teams or for songs*

两支笔；一支乐队；一支歌
我的书包里有一支笔和两本杂志。
那支乐队今晚有一场演唱会。
我不太喜欢那支歌。

903 **支持**　zhīchí　*v.*　support

互相支持；支持他
非常感谢您对我工作的支持。
在父母的支持下，他来到中国学习中文。

904 **支付**　zhīfù　*v.*　pay

支付水电费；现金支付
我每个月支付一次水电费。
这儿可以用现金支付，也可以扫码支付。

905 **只**　zhī　*m.*　*a measure word for one of a pair; for certain animals, boats or utensils*

两只鞋；一只小狗
这两只球鞋不一样，不是一双鞋。
那只小狗很可爱。

906 **直**　zhí

（1）*adj.*　straight
很直；直直的

他站得很直，一动不动。
这儿的马路又直又宽。
（2）*v.* straighten
他直起腰来。
她站了起来，直了直腿。
（3）*adv.* straight; continuously
直走；直笑
往前直走就到图书馆了。
他看着我直笑。

907 **直播** zhíbō *v.* live broadcast

现场直播；电视直播
今天晚上的篮球比赛会进行现场直播。
昨天那场直播晚会非常精彩。

908 **直到** zhídào *v.* until

直到半夜；直到今天
他直到半夜才写完作业。
我妈妈直到今天还不知道这件事。

909 **值** zhí *v.* be worth

值多少钱
你看这裙子值多少钱？
这辆车不值10万块钱。

910 **值得** zhí//·dé be worth, deserve

值得买；值得研究
这件衣服又好看又便宜，值得买。
经济发展问题值得大家一起研究。

911 **职工** zhígōng *n.* workers and staff members

职工代表；年轻职工
这些年轻职工还不太习惯公司的管理方式。
今年这家工厂的职工增加了不少。

912 **职业** zhíyè *n.* occupation

职业教育；选择职业
你毕业后打算选择哪种职业？
请写上你的姓名、职业和电话。

913 **只好** zhǐhǎo *adv.* have to

车坏在路上了，我们只好找人来修。
太晚了，没有公共汽车了，他们只好打车回家。

914 **只是** zhǐshì

（1）*adv.* just, nothing but
他只是去看看，没打算买。
我只是想和你聊聊天儿，没别的事。

（2）*conj.* however
我很想出国留学，只是父母一直反对。
她本来想去长城，只是雪太大了，没去成。

915 **只有** zhǐyǒu *conj.* only

只有吃药，你的病才能好。
只有互相帮助，才能克服困难。

916 **指** zhǐ *v.* point to

指着；指黑板
老师指着黑板上的字，让我们一起读。
我用手一指，他也看见了那架飞机。

917 **指出** zhǐchū point out

指出问题；指出错误
我指出了计划中的问题。
他给我指出了文章中的几个错误。

918 **指导** zhǐdǎo *v.* guide

指导学生；指导工作
他指导学生做实验。
在老师的指导下，我完成了论文（lùnwén，thesis）。

919 **至今** zhìjīn *adv.* up to now

我们至今不知道事故是怎么发生的。
他离开家以后，至今没有联系过父母。

920 **至少** zhìshǎo *adv.* at least

参加比赛的至少有200人。
从这儿走到学校，至少要半个小时。

◎ 速练 Quick practice

一、先根据词语写拼音，再将词语和正确的英文释义连起来

Write Pinyin according to the words, and then match the words with the correct English definitions.

1. 证明 ________	A. workers and staff members
2. 支持 ________	B. occupation
3. 支付 ________	C. until
4. 直播 ________	D. be worth, deserve
5. 直到 ________	E. pay
6. 值得 ________	F. live broadcast
7. 职工 ________	G. support
8. 职业 ________	H. prove, testify; cerificate

二、选择合适的词语填空　Choose the right words and fill in the blanks.

（一）　A. 证明　B. 支　C. 支持　D. 支付　E. 只

1. 他交给警察的证据____了他说的是真的。
2. 非常感谢您对我工作的____和帮助。
3. 我家有一____可爱的猫。
4. 这____乐队唱了很多好听的歌。
5. 请问，您怎么____？现金还是银行卡？

（二）　A. 直　B. 直播　C. 直到　D. 值　E. 值得

1. 这本书内容丰富，____一看。
2. ____现在我还不知道事情是怎么发生的。
3. 这件衣服不____2000 块钱。
4. 新年晚会马上就要开始____了。
5. ____走 100 米就到了。

（三）　A. 职工　B. 职业　C. 只好　D. 只是　E. 只有

1. 我们工厂有 100 多个____。
2. 我理想的____是医生。
3. ____努力学习才能有好成绩。
4. 家里没人做饭，我____吃方便面。
5. 他____说说，不会真的不来。

（四）　A. 指　B. 指出　C. 指导　D. 至今　E. 至少

1. 从这儿到第一医院____要走一个小时。
2. 毕业以后，他____都没跟我联系过。
3. 他____着前边的楼说，那就是图书馆。
4. 在老师的____下，他通过了考试。
5. 张老师____了我的一些缺点。

三、选择合适的词语完成句子　Choose the right words to complete the sentences.

1. 那____乐队已经成立 10 多年了。

A. 支　B. 只　C. 所　D. 条

2. ____，我参加了跑步比赛。

A. 在父母的支持下　　B. 在父母的支持

C. 父母的支持　　D. 父母的支持下

3. 这条裙子很适合你，价钱也不贵，____买。

A. 值　　B. 值得　　C. 很值　　D. 只好

4. 医生说____吃这种药，他的病才能好起来。

A. 只好　　B. 只是　　C. 只能　　D. 只有

5. ____今天我们也忘不了那段历史。

A. 至少　　B. 至今　　C. 直到　　D. 直播

第 47 单元　Unit 47

◎ 目标词语　Target words

921. 志愿	922. 志愿者	923. 制定	924. 制度	925. 制造
926. 制作	927. 中部	928. 中华民族	929. 终于	930. 钟
931. 种	932. 种子	933. 重大	934. 周围	935. 猪
936. 主持	937. 主动	938. 主任	939. 主意	940. 主张

◎ 速记　Quick memory

921 **志愿**　zhìyuàn　*n.*　aspiration

从小的志愿；伟大的志愿
他的志愿是当医生。
他从小就有个志愿——长大为人民服务。

922 **志愿者**　zhìyuànzhě　*n.*　volunteer

一名志愿者；会议志愿者
每天都有志愿者在这里回答问题。
她报名做世界杯足球赛的志愿者。

923 **制定**　zhìdìng　*v.*　formulate

制定法律；制定规范
国家制定了保护动物的法律。
我们大学制定了新的学生管理规定。

924 **制度**　zhìdù　*n.*　system

工作制度；管理制度
我们严格按照工作制度处理问题。
我们要认真学习最新的管理制度。

925 **制造**　zhìzào　*v.*　make, manufacture

中国制造；制造机器
这些电视机都是中国制造的。
这家工厂制造各种鞋子。

926 **制作**　zhìzuò　*v.*　make

制作家具；制作玩具
他年轻的时候喜欢自己制作家具。
爷爷给我制作了不少玩具。

927 **中部**　zhōngbù　*n.*　central section, middle part

中部地区；在中部

武汉在中国的中部。
这个动作需要身体中部的力量。

928 **中华民族** Zhōnghuá Mínzú Chinese nation

中华民族有几千年的历史。
黄河是中华民族的母亲河。

929 **终于** zhōngyú *adv.* finally

他终于考上了理想的大学。
我终于实现了去北京看天安门的愿望。

930 **钟** zhōng *n.* time (as measured in hours and minutes)

8点钟；10分钟
现在8点钟。
从这儿到那儿只要5分钟。

931 **种** zhǒng *m.* *a measure word for kinds*

多种多样；各种
这种苹果甜不甜？
水果店里有很多种水果。

932 **种子** zhǒngzi *n.* seed

花的种子；一颗（kē，*a measure word for granular things*）种子
他把种子放进土里。
这些种子长大以后一定会开花。

933 **重大** zhòngdà *adj.* great, major, significant

重大消息；重大意义
保护环境意义重大。
下周有重大比赛，球队正在认真准备。

934 **周围** zhōuwéi *n.* around

周围地区；房子周围
教学楼周围有很多树。
这个小区（xiǎoqū，residential quarter）周围环境很不错。

935 **猪** zhū *n.* pig

猪肉；一头猪
他不吃猪肉，只吃牛肉。
她家养了好几头猪。

936 **主持** zhǔchí *v.* host, preside over

主持人；主持会议
主持人穿着红色的裙子。
今天晚上由他主持这场晚会。

937 **主动** zhǔdòng *adj.* of one's own accord

非常主动；主动回答

他工作非常主动。
她每次上课都主动回答老师的问题。

938 **主任** zhǔrèn *n.* director

班主任；办公室主任
我们班的班主任非常关心我们。
办公室主任姓李。

939 **主意** zhǔyi *n.* idea

好主意；坏主意
他给我出了一个好主意。
我是不会改变主意的。

940 **主张** zhǔzhāng

（1）*v.* advocate
主张和平；主张发展
我们主张和平解决国际问题。
他主张马上出发。
（2）*n.* proposition
两种主张；个人主张
这两种主张都有道理。
他的主张没有人想听。

◎ 速练 Quick practice

一、先根据词语写拼音，再将词语和正确的英文释义连起来
Write Pinyin according to the words, and then match the words with the correct English definitions.

1. 志愿 ______________	A. seed
2. 制定 ______________	B. great, major, significant
3. 制度 ______________	C. finally
4. 制作 ______________	D. director
5. 终于 ______________	E. aspiration
6. 种子 ______________	F. make
7. 重大 ______________	G. system
8. 主任 ______________	H. formulate

二、选择合适的词语填空 Choose the right words and fill in the blanks.

（一） A. 志愿 B. 志愿者 C. 制定 D. 制度 E. 制造

1. 他在小区里做____，经常帮助大家。

2. 我____为大家服务。

3. 这些洗衣机都是中国____的。

4. 学校____了新的管理制度。

5. 我们的请假____很严格。

（二） A. 制作 B. 中部 C. 中华民族 D. 终于 E. 钟

1. 他12点____才睡觉。

2. 春节是____的传统（chuántǒng，tradition）节日。

3. 我____把今天的作业都写完了。

4. 这部电视剧____得非常好。

5. 武汉是中国____地区的城市。

（三） A. 种 B. 种子 C. 重大 D. 周围 E. 猪

1. 他养了一头可爱的小____。

2. 我____有很多不认识的人。

3. 我把这些____放在了水里。

4. 这两____水果都很甜。

5. 他告诉了我们一个____消息。

（四） A. 主持 B. 主动 C. 主任 D. 主意 E. 主张

1. 我____明天进行考试，李老师希望下周进行考试。

2. 他负责____现场直播活动。

3. 她总是____帮助别人。

4. 办公室王____帮我买好了飞机票。

5. 我有一个好____，你想不想听？

三、选择合适的词语完成句子 Choose the right words to complete the sentences.

1. 这些手机都是中国____的，质量（zhìliàng，quality）很好。

A. 制定 B. 制度 C. 制造 D. 制作

2. 他努力了很多年，____实现了自己的愿望。

A. 志愿 B. 主动 C. 主张 D. 终于

3. 这儿的环境真不错，____。

A. 房子周围有很多花　　B. 很多花有房子周围

C. 周围房子有很多花　　D. 有很多花房子周围

4. 他是这次国际会议的志愿者，做事非常____。

A. 志愿　　B. 重大　　C. 主动　　D. 主张

5. 我们一直都____通过谈判来和平解决两国之间的问题。

A. 主持　　B. 主动　　C. 主意　　D. 主张

第 48 单元　Unit 48

◎ 目标词语　Target words

941. 注意	942. 祝	943. 抓	944. 抓住	945. 专家
946. 专门	947. 专题	948. 专业	949. 转	950. 转变
951. 状况	952. 状态	953. 追	954. 准	955. 资格
956. 资金	957. 子女	958. 自从	959. 自动	960. 自觉

◎ 速记　Quick memory

941 **注意**　zhù//yì　pay attention to

注意听讲；注意安全
上课的时候一定要注意听讲。
过马路注意安全。
下次你注点儿意，别再出现类似的问题了。

942 **祝**　zhù　*v.*　wish

祝你生日快乐！
祝爷爷身体健康！

943 **抓**　zhuā　*v.*　grab; arrest

抓起（来）；抓坏人
她抓起帽子（màozi，hat）就往外走。
警察抓住了那个坏人。

944 **抓住**　zhuāzhù　grasp

抓住他；抓住机会
快抓住前边那个人，他是小偷儿（xiǎotōur，thief）！
我一定要抓住这个难得的机会。

945 **专家**　zhuānjiā　*n.*　expert

一位专家；外语专家
非常感谢专家们的指导！
这位专家主张对孩子进行快乐教育。

946 **专门**　zhuānmén　*adv.*　specially

专门来
我是专门来看你的。
这家医院是专门给小动物看病的。

947 **专题**　zhuāntí　*n.*　special subject or topic

专题新闻；专题报告
这本杂志里有篇专题文章介绍环保措施。

跟经济有关的专题新闻节目开始了。

948 **专业** zhuānyè

（1）*n.* special field of study; speciality
中文专业；专业化
你学习什么专业？
我们工厂的生产设备越来越专业化。
（2）*adj.* professional
很专业；不太专业
我们的员工都很专业。
这个医生说得太专业了，我听不懂。

949 **转** zhuǎn *v.* turn

转身；向左转
他说完就转身离开了。
从这儿一直走，到路口向左转。

950 **转变** zhuǎnbiàn *v.* change

转变态度；转变方向
人们对互联网的态度有了一定转变。
大学毕业以后开始工作，这个转变有时不太容易。

951 **状况** zhuàngkuàng *n.* condition, situation

生活状况；健康状况
那儿的人们生活状况不太好。
一个人如果长期生活在压力下，健康状况是不会好的。

952 **状态** zhuàngtài *n.* state, condition

危险状态；紧张的状态
他伤得很重，现在还在危险状态。
她喝酒了，这种状态不能开车。

953 **追** zhuī *v.* chase

追坏人；追上
他快离开大楼时，我追上了他。
她哭着跑出了房间，我连忙追了出去。

954 **准** zhǔn

（1）*adj.* accurate
很准；不准
他的发音很准。
我的手表时间不太准。
（2）*adv.* definitely, surely
你请他，他准来。
这个时候去找她，她准没起床呢。

955 **资格** zīgé *n.* qualification

有资格；比赛资格

他有资格代表我们。
我没有资格参加比赛。

956 **资金** zījīn *n.* funds

一大笔资金；缺少资金
他借了一大笔资金做生意。
我们公司最近缺少资金。

957 **子女** zǐnǚ *n.* children, sons and daughters

教育子女；照顾子女
教育子女是父母的责任。
父母老了，子女应该照顾好他们。

958 **自从** zìcóng *prep.* since

自从春节以后，我还没有见过她。
我自从开始每天跑步，身体比以前健康多了。

959 **自动** zìdòng

（1）*adj.* automatic
自动门；自动化
那家商店的门是自动门。
我们工厂的生产设备基本上实现了自动化。
（2）*adv.* of one's own accord; automatically
自动参加；自动开关
每次有活动，他都自动参加。
顾客进出那家商店时门会自动开关。

960 **自觉** zìjué *adj.* on one's own initiative

很自觉；挺自觉的
他学习很自觉。
我儿子做作业非常自觉。

◎ 速练 Quick practice

一、先根据词语写拼音，再将词语和正确的英文释义连起来
Write Pinyin according to the words, and then match the words with the correct English definitions.

1. 注意 ______________	A. qualification
2. 专家 ______________	B. specially
3. 专门 ______________	C. change
4. 专题 ______________	D. pay attention to
5. 转变 ______________	E. automatic; of one's own accord; automatically
6. 资格 ______________	F. expert
7. 自动 ______________	G. on one's own initiative
8. 自觉 ______________	H. special subject or topic

二、选择合适的词语填空 Choose the right words and fill in the blanks.

（一） A. 注意 B.祝 C. 抓 D. 抓住 E. 专家

1. 过马路____安全，别看手机了。
2. 她从桌子上____了一把糖拿给我。
3. 那个孩子差点儿摔倒了，他妈妈一下子（yíxiàzi，suddenly）____了他。
4. 我们想听听____提的建议。
5. ____你们新年快乐！

（二） A. 专门 B. 专题 C.专业 D. 转 E. 转变

1. 今天的____会议是要加强生产安全。
2. 从这儿往前走，到红绿灯那儿往右____。
3. 这家店____卖绿色健康食品。
4. 不论农村还是城市，生活方式都有了很大的____。
5. 我的____是中国古代历史。

（三） A. 状况 B. 状态 C. 追 D. 准 E. 资格

1. 她通过了教师____考试，以后有机会当老师了。
2. 他____上前边的那个女孩儿，把她掉的钱包还给了她。
3. 她最近的健康____不太好，家人把她送进了医院。
4. 我的发音不太____。
5. 一个人如果长期生活在紧张____下，健康会受影响。

（四） A. 资金 B. 子女 C. 自从 D. 自动 E. 自觉

1. ____自己做了母亲以后，她更能理解父母的辛苦（xīnkǔ，laborious）了。
2. 有些____不太愿意跟父母一起生活。
3. 他在学习上很____，总是按时完成作业。
4. 我需要一大笔____做生意。
5. 商店的____门出问题了。

三、选择合适的词语完成句子 Choose the right words to complete the sentences.

1. 我们要____这个好机会，让公司得到更好的发展。

A. 抓 B. 抓住 C. 抓起 D. 抓到

2. 这些饮料（yǐnliào，drinks）是____为参加比赛的选手准备的。

A. 专门　　B. 专题　　C. 专业　　D. 专心

3. 这位老人的健康____越来越差了，他的家人都很担心。

A. 状况　　B. 形状　　C. 现象　　D. 印象

4. 我想请王老师指导一下儿，因为____。

A. 有些音总发不准我　　B. 我有些总发不准音

C. 有些音我总发不准　　D. 我总发有些音不准

5. 我____8 点开始写作业，到 11 点才写完。

A. 起　　B. 从　　C. 在　　D. 到

第 49 单元　Unit 49

◎ 目标词语　Target words

961. 自然	962. 自身	963. 自主	964. 总	965. 总结
966. 总是	967. 足够	968. 足球	969. 组合	970. 左右
971. 作品	972. 作者	973. 做客		

◎ 速记　Quick memory

961 **自然**　zìrán

（1）*n.*　nature, natural world
自然环境；大自然
保护自然环境对经济发展有利。
周末他喜欢带孩子去公园感受大自然。
（2）*adj.*　in the natural course of events
你先不要问，到时候自然明白。
就让事情自然发展吧，别管了。
（3）*adv.*　naturally
只要认真学习，自然会取得好成绩。
他对人热情，自然能认识很多朋友。

962 **自身**　zìshēn　*n.*　one's own

自身的优缺点；自身的健康
每座城市都有自身的特色。
我们要时刻关心自身的健康。

963 **自主**　zìzhǔ　*v.*　act on one's own

自主学习；自主决定
我们要重视发展孩子自主学习的能力。
他不希望父母安排一切，更希望能自主决定。

964 **总**　zǒng　*adv.*　always; eventually; probably

晚饭后他总要到海边散步。
别着急，事情总会有办法解决的。
你来北京总有六七年了吧？

965 **总结**　zǒngjié

（1）*v.*　summarize
总结工作；总结经验
我们要及时总结经验。
下课以前李老师把重要的内容总结了一下儿。
（2）*n.*　summary
做总结；工作总结

经理正在做今年的工作总结。
他的总结非常简单，但是很清楚。

966 **总是** zǒngshì *adv.* always

他总是来得很晚，这让我们很生气。
每年一到春节，超市里总是有很多人。

967 **足够** zúgòu *v.* enough

足够的时间；足够的资金
我们有足够的时间做这项工作。
已经买了这么多东西了，足够了。

968 **足球** zúqiú *n.* soccer

踢（tī，kick）足球；足球比赛
他非常喜欢踢足球。
我参加了学校的足球比赛。

969 **组合** zǔhé *v.* make up, constitute

组合成；由……组合
这几个词可以组合成一个有意思的句子。
这篇文章是由五个部分组合而成的。

970 **左右** zuǒyòu

（1）*n.* the left and right sides; around, or so
前后左右；20个左右；10岁左右
我左右的人我都不认识。
他今年30岁左右。
我需要半小时左右做工作总结。
（2）*v.* control, influence
左右别人；被左右
你要坚持自己的想法，不能被别人左右。
他想左右我，没那么容易！

971 **作品** zuòpǐn *n.* work(s) (of art or literature)

他的作品；早期（zǎoqī，early stage）作品
这些画都是那位画家的早期作品。
他的新作品非常受欢迎。

972 **作者** zuòzhě *n.* author

一位作者；小说的作者
作者把自己的经历写成了小说。
那本书的作者是一位中国作家。

973 **做客** zuò//kè be a guest

欢迎你们来我家做客。
我昨天到一个老朋友家里去做客了。

◎ 速练 Quick practice

一、先根据词语写拼音，再将词语和正确的英文释义连起来

Write Pinyin according to the words, and then match the words with the correct English definitions.

1. 自然 ________	A. summarize; summary
2. 自主 ________	B. enough
3. 总 ________	C. be a guest
4. 总结 ________	D. nature, natural world; in the natural course of events; naturally
5. 足够 ________	E. always; eventually; probably
6. 足球 ________	F. the left and right sides; around, or so; control, influence
7. 左右 ________	G. act on one's own
8. 做客 ________	H. soccer

二、选择合适的词语填空 Choose the right words and fill in the blanks.

（一） A. 自然 B. 自身 C. 自主 D. 总 E. 总结

1. 他很喜欢周末带孩子去大____中玩儿。
2. 失败（shībài，fail）了要多从____找原因，不要总认为是别人的错。
3. 他____很晚才到，大家都不想等他了。
4. 我要加班写工作____。
5. 孩子长大以后总希望能____安排一切。

（二） A. 总是 B. 足够 C. 足球 D. 组合 E. 左右

1. 他____踢得不错。
2. 我在很多人面前说话的时候，____很紧张。
3. 这些资金已经____了，感谢大家的帮助。
4. 李老师今年 40 岁____。
5. 她的工作总结是由五个部分____而成的。

（三） A. 作品 B. 作者 C. 做客 D. 总结 E. 左右

1. 这本书的____介绍了自己写作的过程。
2. 我们都很希望看到您更多更好的____。
3. 周末我去朋友家____了。

4. 他总想____我们的想法，但这是不可能的。

5. 我来____一下儿大家的说法。

三、选择合适的词语完成句子 Choose the right words to complete the sentences.

1. 他第一次见到这种____门，非常好奇。

A. 自觉 B. 自主 C. 自动 D. 自身

2. 别看她年纪小，她做什么事都很____，每次都主动看书、写作业。

A. 自觉 B. 自然 C. 自动 D. 自身

3. 我哥哥喜欢踢足球，他____。

A. 踢得足球很不错 B. 足球踢不错

C. 踢不错足球 D. 踢足球踢得很不错

4. 我 9 点____能到你家，你先别出门。

A. 上下 B. 左右 C. 大小 D. 里外

5. 这本书的____是一个农民，所以书里农村的故事写得特别真实。

A. 作品 B. 作文 C. 作者 D. 作业

语法术语缩略形式一览表
Abbreviations for Grammar Terms

缩略形式 Abbreviations	英文名称 Grammar Terms in English	中文名称 Grammar Terms in Chinese
adj.	Adjective	形容词
adv.	Adverb	副词
conj.	Conjunction	连词
int.	Interjection	叹词
m.	Measure Word	量词
n.	Noun	名词
nu.	Numeral	数词
ono.	Onomatopoeia	拟声词
pref.	Prefix	前缀
prep.	Preposition	介词
pron.	Pronoun	代词
pt.	Particle	助词
suf.	Suffix	后缀
v.	Verb	动词

三级词汇检索表
Index of Vocabulary Level 3